Christine Baechi

Die clevere Klarinette 1

Lern- und Spielbuch für Klarinette

Klavierbegleitung zum kostenlosen Download unter
www.schott-music.com (ZM 80301)

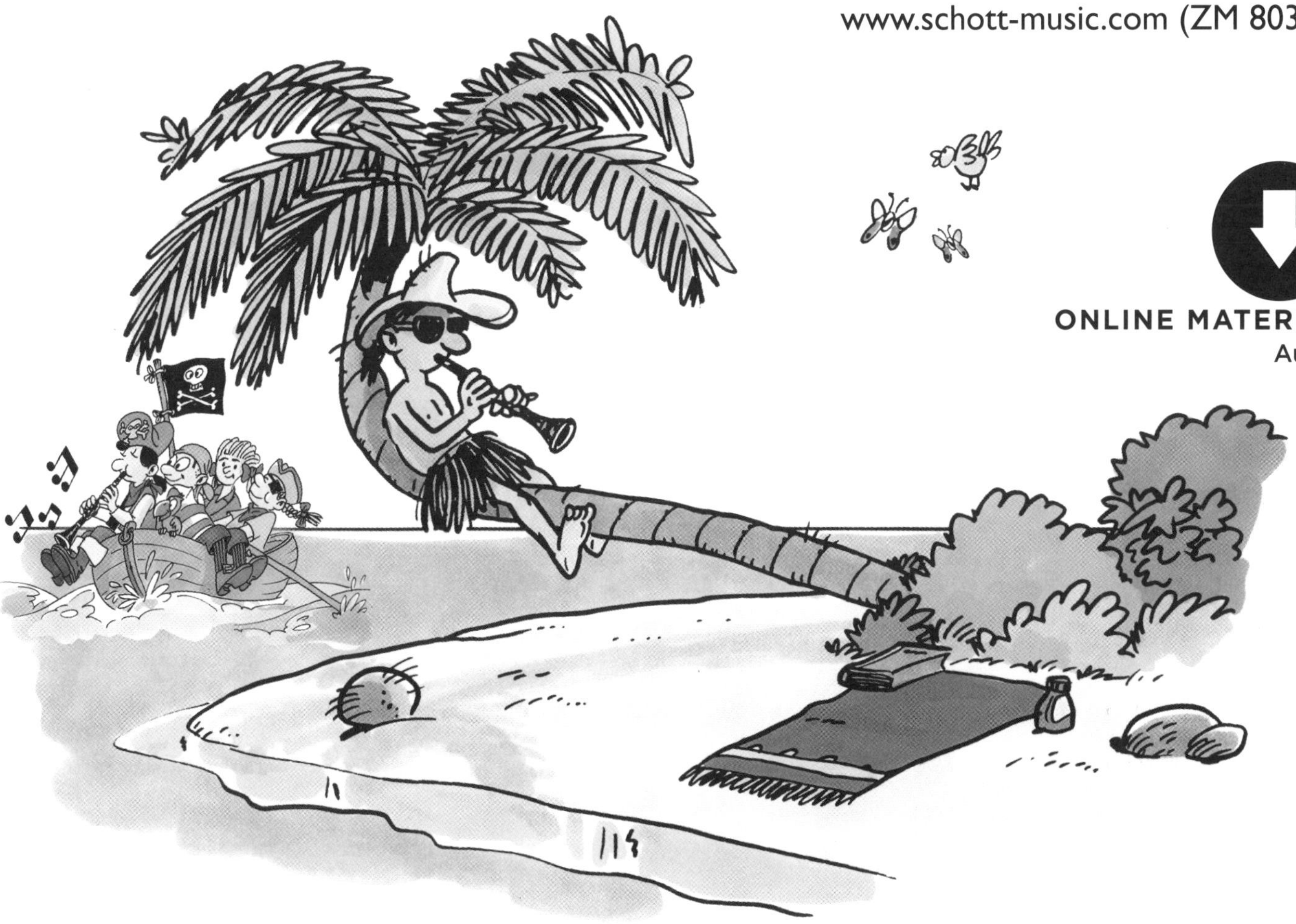

ONLINE MATERIAL
Audio

Dieses Heft gehört:

_____

MUSIKVERLAG ZIMMERMANN

Klarinette spielen macht Spaß!

Herzlich willkommen zum ersten Band deiner Klarinettenschule! Sie wird dich auf deiner Entdeckungsreise ins Reich der Töne begleiten und dafür sorgen, dass du und deine Klarinette schnell dicke Freunde werdet.

Damit es eine spannende und lustige Reise wird, findest du in diesem Heft viele verschiedene Lieder, Audio-Tracks zum Download, Comics und immer wieder mal ein Quiz, bei dem du deine Kenntnisse testen kannst.

Alles was du jetzt noch tun musst, ist deine Klarinette regelmäßig aus dem Koffer zu nehmen und so viel zu spielen wie du kannst! Lade deine Eltern zum Konzert ein, spiele deinen Onkeln, Tanten und Großeltern vor und übe das in der Stunde Gelernte bis es ganz gut sitzt.

Viel Spaß dabei wünscht dir

Christine Baechi

Für Eltern, Lehrerinnen und Lehrer

Dieses Lern- und Spielbuch für Klarinette ist während meiner langjährigen Tätigkeit als Klarinettenlehrerin entstanden, in enger Zusammenarbeit mit anderen Klarinettisten und Klarinettistinnen. Mein Anliegen war es, ein modernes Unterrichtswerk zu schaffen, das den veränderten Ansprüchen an einen umfassenden Klarinettenunterricht gerecht wird. Hinweise zur Atemtechnik, Improvisation, spielen zu Playback, Blues für Anfänger sind für viele Lehrerinnen und Lehrer heute fester Bestandteil des Anfängerunterrichts.

Gleichzeitig soll an das Bewährte angeknüpft werden. Es hat sich gezeigt, dass Kinder höchst motiviert sind, wenn sie in einer Notenschule viele Lieder vorfinden, die sie kennen. Das Erfolgserlebnis, ein bekanntes Lied auf dem Instrument erklingen zu lassen, steigert auch die Lernbereitschaft für Neues merklich. Eine solide technische und rhythmische Grundausbildung dient zudem als Basis für ein erfolgreiches Lernen.

Die Hauptthemen des Lern- und Spielbuchs:

- Die Auswahl der Lieder: Dieses Heft enthält viele Lieder, sowohl aus Deutschland wie auch aus der Deutschschweiz, ist also für beide Sprachräume attraktiv. Es sind Lieder die die Kinder vom Singen und aus dem Blockflötenunterricht kennen. Daneben finden sich auch Lieder aus aller Welt, die den Kindern den musikalischen Zugang ermöglichen sollen.

- Neue Töne und Griffe: Neue Griffe werden mit einem grafisch klaren und verständlichen Griffbild eingeführt. Die Schule ist nicht nur für den deutschen, sondern auch für den schweizerischen Raum geeignet, da sowohl das deutsche wie auch das Böhmsystem eingeführt werden. Die entsprechenden Griffbilder werden durch klare Farben voneinander unterschieden.

- Die systematische rhythmische Ausbildung: Jeder neue Rhythmus wird mit Übungen eingeführt und vertieft. Bei rhythmischen Schwierigkeiten kann jederzeit auf diese Seite zurückgegriffen werden.

- Eigenaktivität der Schülerinnen und Schüler: An vielen Orten sind die Schülerinnen aufgefordert selbst zu schreiben, zu zeichnen, oder ihre Phantasie in verschiedene Improvisationsübungen einfließen zu lassen.

- Kurze Komponistenportraits sollen zu einem Blick über die Noten hinaus anregen und einen Anstoß zu weiteren Gesprächen über die Komponisten geben.

- Bei den Quizfragen am Ende eines Kapitels können die Schülerinnen und Schüler aktiv das Gelernte überprüfen.

- Eingebunden sind diese Elemente in einen systematischen Aufbau und eine anschauliche grafische Darstellung.

- Über einigen Liedern sind Akkordbezeichnungen für eine Gitarrenbegleitung notiert.

- Playalong Audioaufnahmen: Die Audio-Tracks dienen der Motivation, sollen aber auch die rhythmische Sicherheit fördern und als Hörbeispiel dienen. Der Schüler hört die Stücke jeweils einmal mit Klarinette und einmal nur mit dem Playback. Es finden sich auch Begleitungen zur Improvisation. So hat jede neu eingeführte Tonart auch einen Improvisationsteil.

- Im Anhang finden die Schülerinnen und Schüler zusätzliche Übungen und Spielstücke. Es kann so individuell auf ihr Lerntempo eingegangen werden und je nach Bedarf können die entsprechenden Übungen hinzugezogen oder zusätzliche Lieder gespielt werden. Dadurch ist diese Klarinettenschule für den Frühunterricht ebenso geeignet wie für den Unterricht mit älteren Kindern. Im Lehrgang finden sich jeweils Hinweise auf den Anhang, so dass der Schüler sieht, welche zusätzlichen Stücke mit den aktuellen Kenntnissen gespielt werden können.

- Ein Heft mit alle Klavierbegleitungen und Akkordbezeichnungen zu den meisten Stücken ist bei www.schott-music.com als kostenloser Download auf der Produktseite (ZM 80301) erhältlich.

- Für den Unterricht mit Klarinette in C ist auch eine Klavierbegleitung mit Begleit-CD erhältlich (ZM 81301).

Inhaltsverzeichnis

Kapitel 1
Die Geschichte der Klarinette 7
Die Klarinettenfamilie 8
Die Teile der Klarinette 9
Die Klarinette zusammensetzen 10
Die ersten Töne 12
Nach dem Spielen 13
Quiz 14

Kapitel 2
Tonspiele 15
Die ersten Lieder 17
Die Atmung 18
Notenwerte und Pausen 20
Die Töne e', d' und c' 21
Der Ton f' 26
Der Violinschlüssel 29
Der Ton g' 30
Improvisieren ist nicht schwer 32
Quiz 33

Kapitel 3
Ein Wort zur Haltung 34
Die punktierte Halbe Note 35
Der Ton a' 37
Gebundene Noten (legato) 40
Quiz 43

Kapitel 4
Achtelnoten 44
Erste Klammer, zweite Klammer 45
Variationen über das Thema „Ah vous dirai-je maman" („Morgen kommt der Weihnachtsmann") 46
Laut und Leise (Dynamik) 50
Der Ton h 51
Das Staccato 53
Crescendo / Decrescendo 55
Quiz 57

Kapitel 5
Das tiefe a und das tiefe g 58
Das Kreuz und der Ton fis' 63
G-Dur: Tonleiter und der Dreiklang auf dem Ton g 64
Das tiefe fis 68
Quiz 70

Kapitel 6
Die punktierte Viertelnote 71
Der Komponist Johannes Brahms 73
Das Be und der Ton b 74
Das Auflösungszeichen 75
Das Strichlein neben dem Ton 77
Der Ton b' 77
Der Komponist Franz Schubert 80
Das tiefe f 81
F-Dur: Die Tonleiter und der Dreiklang auf dem f 82
Der Ton cis' 85
Die Bluestonleiter auf dem g 86
Quiz 88

Kapitel 7
Die enharmonische Verwechslung 89
Der Ton dis' / es' 89
B-Dur: Die Tonleiter und der Dreiklang auf dem b 91
Der Ton gis' / as' 93
Das tiefe gis / as 95
Das tiefe e 97
Der Komponist Wolfgang Amadeus Mozart 99
Quiz 100

Anhang
Rhythmus 102
Allerlei Lieder und Spielstücke 104
Blues 106
Weihnachtslieder 107
Tonleitern und Dreiklänge im Überblick 112
Überblick über die Musiksymbole 113
Grifftabelle für die deutsche Klarinette 114
Grifftabelle für die Böhm-Klarinette 115
Liederverzeichnis 116

Kapitel 1
Die Geschichte der Klarinette

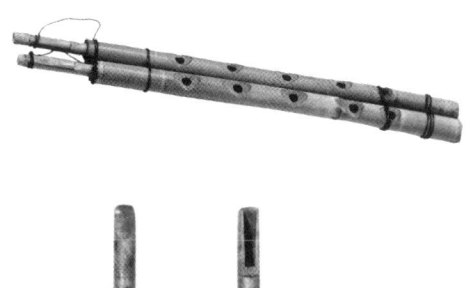

Zuerst aus Bambus
Ein Instrument aus Bambus mit einem eingeschnittenen einfachen Rohrblatt gab es schon im alten Ägypten. Holzpfeifen dieser Art wurden im ganzen Orient schon vor langer Zeit verwendet. Durch Wandermusikanten kamen diese Instrumente auch zu uns.

Viel später auch bei uns
Erst sehr viel später entstand bei uns ein Instrument, bei dem ein einfaches Rohrblatt separat auf einem Mundstück befestigt wurde. Es wurde *Chalumeau* (von lateinisch calamus = Rohr oder griechisch calane = Rohrpfeife) genannt.
Im Verhältnis zu seiner Größe konnte dieses Instrument sehr tiefe Töne erzeugen. Das Überblasen ins hohe Register war wegen der Anordnung der Löcher nicht möglich.

Klarinette mit zwei Klappen (eine befindet sich auf der Rückseite)

Klarinette mit fünf Klappen

Die Klarinette gibt es seit rund 300 Jahren
Um das Jahr 1700 erfand *Johann Christoph Denner* die Klarinette, wahrscheinlich bei dem Versuch, den Tonumfang des Chalumeaus nach oben hin zu erweitern. Dies gelang ihm durch folgende Änderung: Er brachte am oberen Ende des Instrumentes ein kleines Loch an, das mit einer Klappe abgedeckt oder geöffnet werden konnte. Diese Duodezim- oder *Überblasklappe* findest du bei deinem Instrument oben am Daumenloch. Zudem änderte Johann Christoph Denner die Anordnung der beiden schon vorhandenen Klappen, so dass das obere Register besser ansprach.

Übrigens: das Wort „Klarinette" wurde wahrscheinlich von dem Wort „*Clarino*" abgeleitet. Das Clarino war eine kleine Trompete mit einem hohen scharfen Klang. Die Klarinette konnte so hoch spielen wie das Clarino, hatte aber einen weicheren Klang und wurde deshalb schon bald im Orchester eingesetzt. Die ersten Kompositionen für Klarinette entstanden unter anderem von *Antonio Vivaldi* und *Georg Friedrich Händel*.

Die Klarinette entwickelte sich schnell weiter. Klappen wurden hinzugefügt und die Bohrung verändert. Manchmal erforderten auch neue Kompositionen eine Anpassung des Instrumentes.

Die Klarinettenfamilie

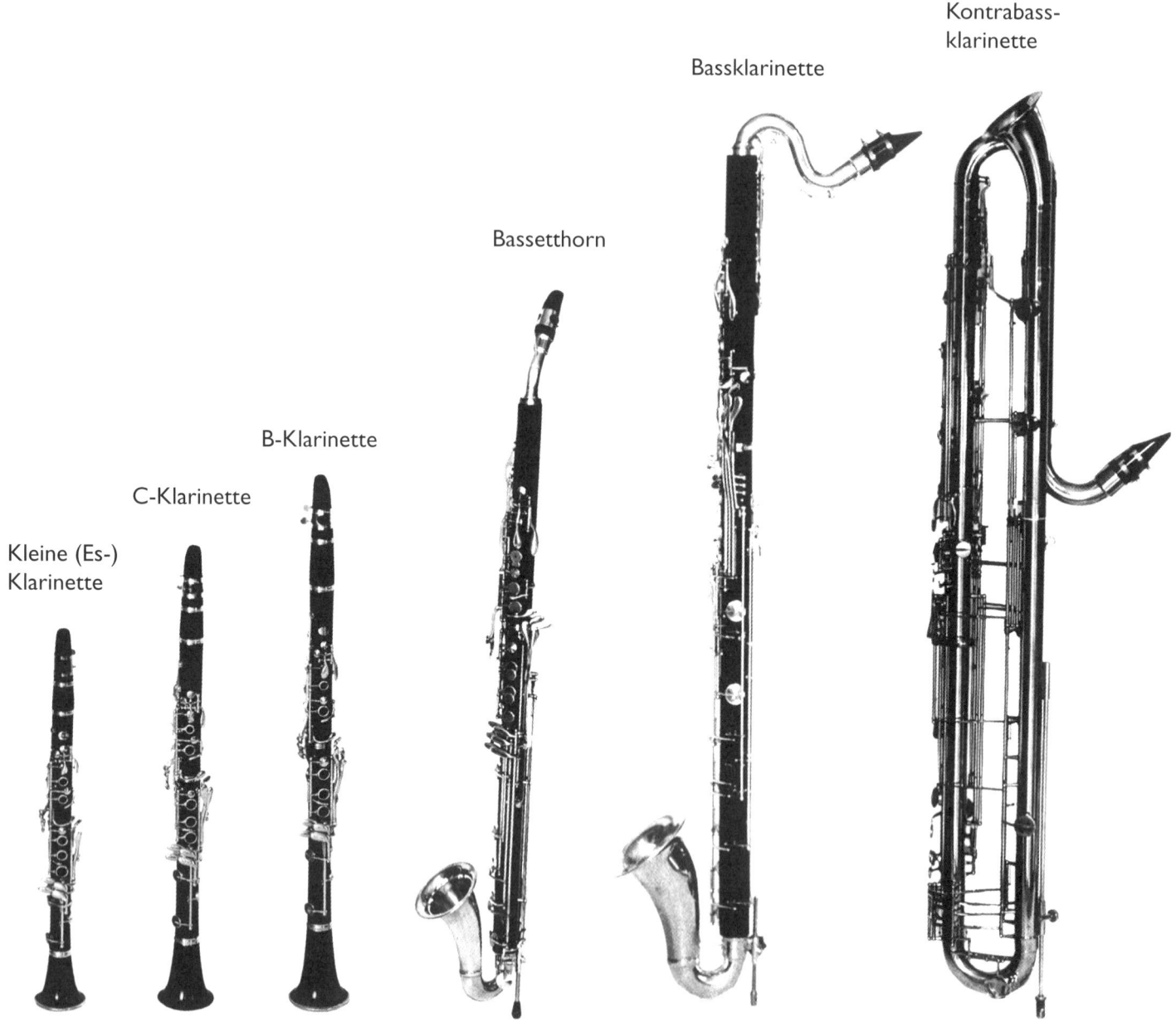

Die am meisten gespielte Klarinette (und die Klarinette, die du jetzt sehr wahrscheinlich zu Hause hast) ist die B-Klarinette.

Die Teile der Klarinette

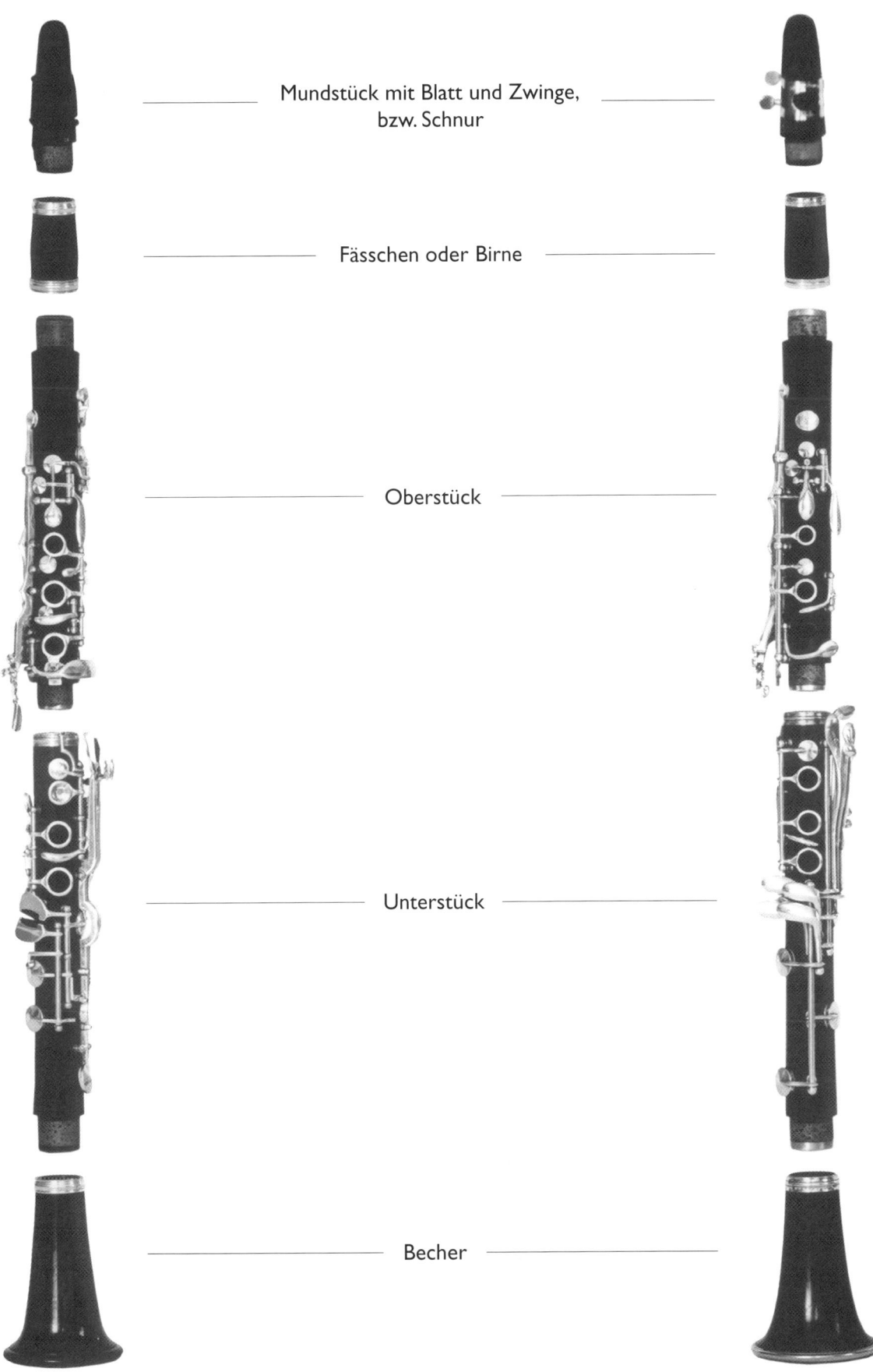

Mundstück mit Blatt und Zwinge, bzw. Schnur

Fässchen oder Birne

Oberstück

Unterstück

Becher

Klarinette deutsches System

Klarinette Böhm-System

Die Klarinette zusammensetzen

1. Zuerst das Unterstück und den Becher
Am besten hältst du das Unterstück am unteren Teil, bei der langen Stange.

2. Das Mittelstück
Halte das Mittelstück so in der Hand, dass du mit dem Handballen auf den untersten Ring des Mittelstücks drückst.

Tipp für die Klarinette mit Böhm-System

Die Verbindungsklappe geht so nach oben, wie du auf diesem Bild siehst.

So kommen die beiden Verbindungsteile zusammen.

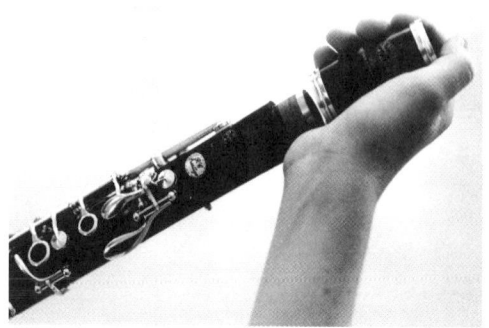

3. Nun folgen das Fässchen ...

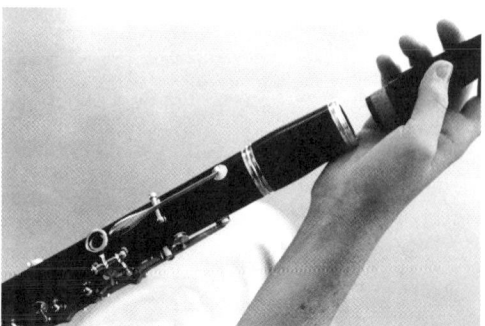

4. ... und das Mundstück
mit der Öffnung nach hinten, dort wo der Daumenhalter ist.

5. Das Blatt anfeuchten
Das Blatt wird angefeuchtet, damit es biegsamer wird und beim Spielen gut schwingt.

6. Das Blatt auf dem Mundstück befestigen
Das Blatt wird mit der flachen Seite nach unten auf das Mundstück gelegt. Streife nun vorsichtig die Blattzwinge über das Blatt und das Mundstück. Die Schrauben schauen nach rechts.

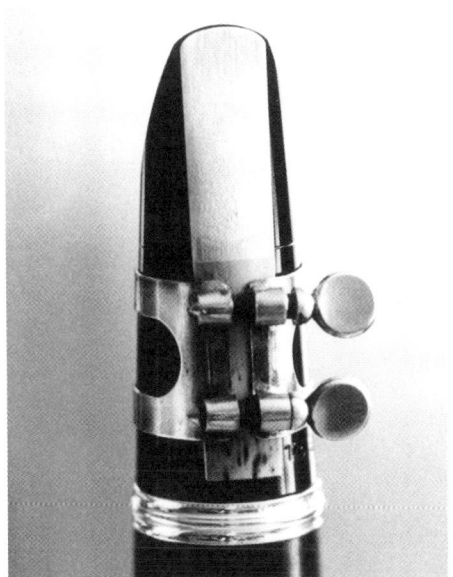

So sieht das fertig montierte Blatt auf dem Mundstück aus.

Die ersten Töne

Die Stellung des Mundes beim Klarinettenspielen ist etwas komplizierter als bei der Blockflöte. Du kannst es zuerst mit einem Röhrchen probieren und dann nur mit dem Mundstück und dem Fässchen.

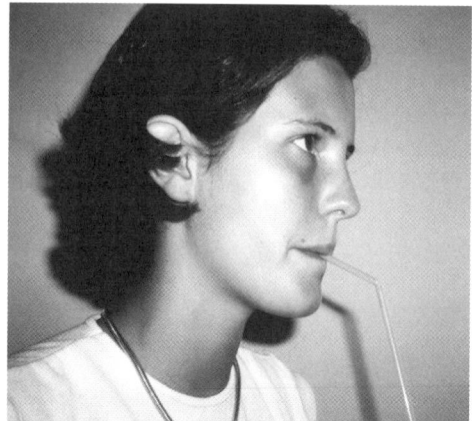

Mit einem Röhrchen (z. B. Strohhalm):
Ziehe die untere Lippe leicht über die Zähne und lächle.

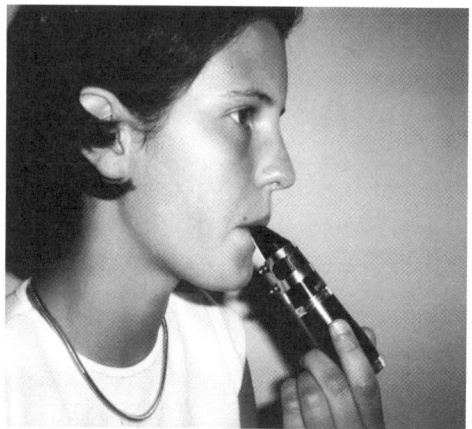

Dasselbe mit dem Mundstück:
Ziehe die Unterlippe über die Zähne, die oberen Schneidezähne kommen auf das Mundstück. Stelle dir vor, wie du leicht lächelst. Ziehe das Kinn nach unten und vorn und schließe dann die Mundwinkel. Nun hast du den richtigen Ansatz für die ersten Töne. Indem du einen Finger ins Fässchen steckst, kannst du die Tonhöhe verändern.

Das Anstoßen der Töne

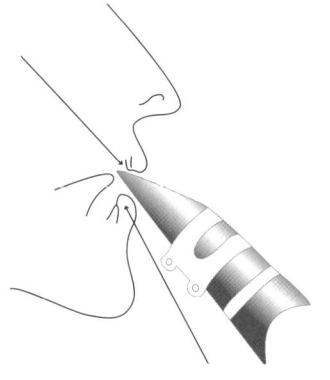

Um die Töne voneinander abzutrennen, brauchen wir die **Zunge**:

- Sage einige Male laut „dü dü dü". Dasselbe machst du nun, nachdem du das Mundstück angesetzt hast. Die Zunge sollte dabei die Blattspitze ganz oben berühren.
- Die Lippen und das Kinn dürfen sich nicht bewegen.
- Spiele nun einen Ton und stoße einige Male mit der Zunge an, ohne dazwischen zu atmen.
- Der Atemstrom soll nicht abbrechen: **dü ___ dü ___ dü ___ dü ___ dü**

Nach dem Spielen

Nach jedem Spielen sollte die Klarinette **geputzt** werden, da sich sonst über den Speichel Speiserückstände im Instrument festsetzen können. Im Winter besteht außerdem die Gefahr, dass Sprünge entstehen, wenn das Holz sich in der Kälte zusammenzieht und sich noch Wasser in den Ritzen befindet.

1. Nachdem du das Blatt abgenommen hast, bewahrst du es am besten in einem speziellen **Blatthalter** auf.

2. Nun kannst du die Klarinette **auseinandernehmen** und den **Klarinettenputzlappen** durch die einzelnen Teile ziehen.

3. Putze auch die **Ritzen** beim Fässchen, dem Unterstück und dem Trichter, da sich dort immer viel Wasser ansammelt.

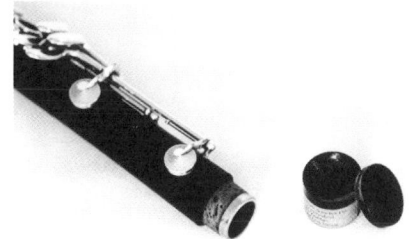

Kork einfetten
Damit die Korken an den Verbindungsteilen nicht austrocknen, solltest du sie ab und zu mit ein wenig **Korkfett** einfetten.

 **Wer hat die Klarinette erfunden?**

☐ Johann Sebastian Bach

☐ Johann Christoph Denner

☐ Franz Carl Weber

 **Welche Klarinette ist die größte der Klarinettenfamilie?**

_____

 **Wie heißen diese Teile der Klarinette?**

_____

_____

_____

Wie lange gibt es die Klarinette schon?

☐ seit ca. 1500 Jahren

☐ seit ca. 700 Jahren

☐ seit ca. 300 Jahren

Kapitel 2
Tonspiele

Tonlängenrekord
Wie viele Sekunden lang kannst du einen Ton aushalten?
- nur mit Mundstück und Fässchen
- mit dem Instrument

Deine Lehrerin, Lehrer, Mitschüler oder deine Familie können die Zeit messen (Uhr mit Sekundenzeiger oder ein Metronom auf 60 einstellen und die Schläge zählen).

Linienstücke
Spiele die untenstehenden Linien. Zuerst kannst du dazu nur das Mundstück und das Fässchen benutzen. Mit dem Finger oder mit der Lippenspannung kannst du die Tonhöhe verändern. Mit der Zunge kannst du die Töne voneinander abtrennen (anstoßen).

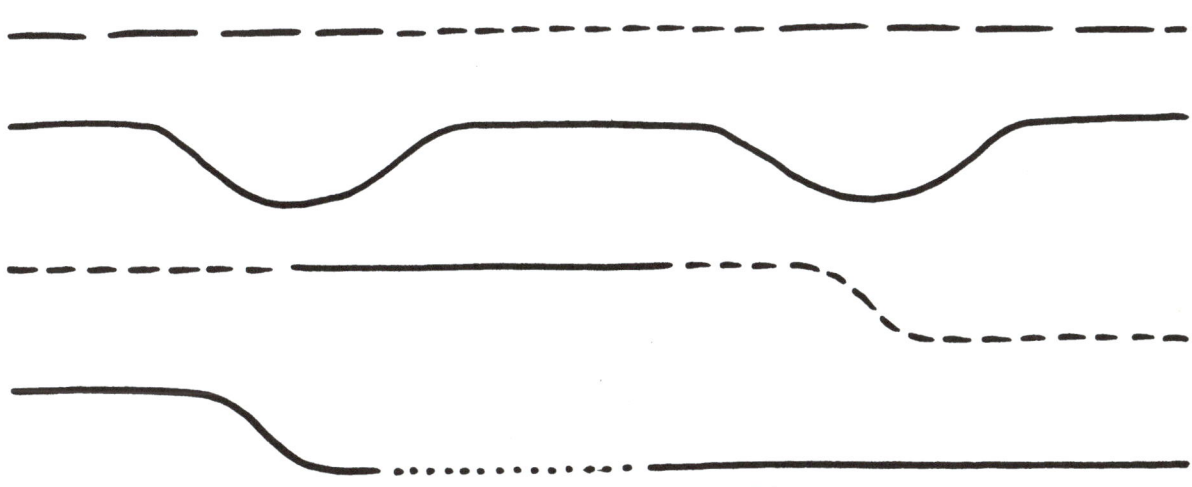

 Hier ist noch Platz für deine eigenen Linienstücke:

Geisterklänge
Du und deine Lehrerin/dein Lehrer spielen jeweils gleichzeitig einen Ton, z. B. vier Zählzeiten lang, dann nehmt ihr einen anderen Ton usw. Niemand weiß aber, welchen Ton der/die andere wählt. Manchmal passen die Töne zusammen und manchmal klingt es ganz schön gruselig.

Zwiegespräch
Spiele eine Melodie oder einen Rhythmus nur mit Mundstück und Fässchen. Du kannst die Tonhöhe verändern, indem du einen Finger verschieden weit ins Fässchen steckst, oder mit halboffener Faust das Fässchen verlängerst. Deine Lehrerin/dein Lehrer oder deine Mitschüler antworten.

Stimmungsbarometer
Versuche, die Stimmungen auf den untenstehenden Gesichtern auszudrücken. Benutze dazu zuerst nur das Mundstück und das Fässchen. Finden deine Lehrerin/dein Lehrer oder deine Mitschüler heraus, welche Stimmung du spielst?

Die ersten Lieder

Welche Lieder kennst du?

Nun, da du deine Klarinette zum Klingen gebracht hast, kannst du probieren Melodien nach Gehör zu spielen. Solche die du kennst, oder solche die du im Moment erfindest. Unten findest du ein paar Lieder zur Auswahl. Dazwischen kannst du natürlich noch andere Lieder aufschreiben, die du kennst.

Neben dem Lied steht der Griff, mit dem du am besten anfängst – **ein leerer Kreis ist ein offenes Loch, ein schwarzer Kreis ein geschlossenes Loch.**

In den Audio-Tracks kannst du dir die Lieder anhören und mitspielen. Zuerst hörst du das Stück jeweils mit Klarinette und Begleitung, dann hörst du nur die Begleitung.

Track 1/2
**Alle meine Entchen
(Ali mini Äntli)**

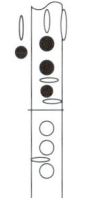

Alle meine Entchen
schwimmen auf dem See,
schwimmen auf dem See,
Köpfchen in das Wasser,
Schwänzchen in die Höh'.

(Ali mini Äntli
schwümed uf em See,
Schwümed uf em See,
d'Chöpfli hänved is Wasser,
d'Schwänzli hänved id'Höh.)

Track 3/4
**Kommt ein Vogel geflogen
(Roti Rösli im Garte)**

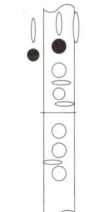

Kommt ein Vogel geflogen
setzt sich nieder auf mein' Fuß,
hat ein' Zettel im Schnabel,
von der Mutter ein' Gruß.

(Roti Rösli im Garte,
Meieriisli im Wald,
wänn de Wind chunt goge blase
dänn verwelket si bald.)

Track 5/6
Hänschen klein

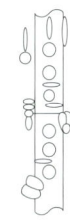

Hänschen klein,
ging allein
in die weite Welt hinein,
Stock und Hut
stehn ihm gut,
ist gar wohlgemut.
Doch die Mutter weinet sehr,
hat sie nun kein Hänschen mehr,
wünsch' dir Glück, sagt ihr Blick,
kehr' nur bald zurück.

Track 7/8
Bruder Jakob

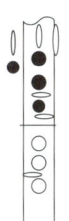

Bruder Jakob!
Bruder Jakob!
Schläfst du noch?
Schläfst du noch?
Hörst du nicht die Glocken?
Hörst du nicht die Glocken?
Ding dang dong,
ding dang dong.

Track 9/10
Winter ade

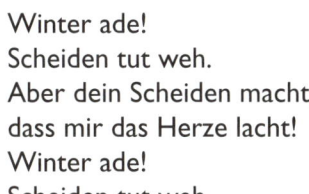

Winter ade!
Scheiden tut weh.
Aber dein Scheiden macht,
dass mir das Herze lacht!
Winter ade!
Scheiden tut weh.

 **Tipp:**
Für die Klarinette mit deutschem System wirst du evtl. diesen Griff benötigen.

Die Atmung

Damit du beim Blasen **genügend Luft** hast und damit du einen **schönen gleichmäßigen Ton** erzeugen kannst, ist die richtige Atmung sehr wichtig. Eine große Rolle dabei spielt das **Zwerchfell**.

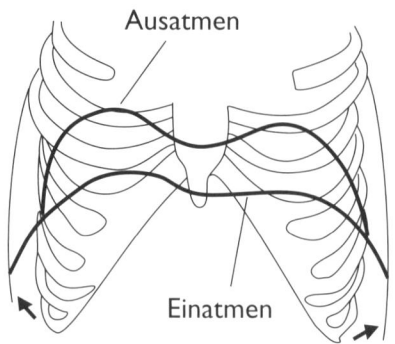

Das Zwerchfell befindet sich im unteren Rippenbereich (schwarze Linie auf der Abbildung).

Wenn beim Einatmen die **Rippen gedehnt** werden, **senkt sich das Zwerchfell und zieht Luft tief in die Lungen**. Das gespannte Zwerchfell stützt zudem unsere Luftsäule beim Ausatmen bzw. Spielen.

Atmen wir nur mit dem oberen Bereich des Brustkorbes ein, gelangt weniger Luft in die Lungen und unserem Ton fehlt die Stütze.

Atemübungen

Lege dich auf den Boden mit einem Buch auf dem Bauch und spüre, wie sich **beim Atmen das Buch auf und ab bewegt**. Statt einem Buch kannst du auch die Hände auf den Bauch legen.

Stelle dich auf alle Viere, mache einen Katzenbuckel und lasse den Kopf locker nach unten hängen. Spüre nun beim **Einatmen**, wie sich der **Bauch**, der **Rücken** und die **Flanken** dehnen.

Lege im Stehen die Hände auf Bauch und Rücken.
Dehne den Bauch und den Rücken beim Einatmen.
Die Schultern bleiben dabei unten.

Mache das Gleiche mit den **Händen an den Hüften**. Spürst du wie sie sich beim Einatmen ausdehnen?

Übungen, die du in allen drei Stellungen machen kannst:

 1. Atme tief und ruhig durch die Nase ein, als ob du an einer Blume riechen würdest. Atme durch den Mund aus. Warte einen Moment bis der Körper von selbst wieder einatmet.

 2. Atme tief und ruhig durch die Nase ein, atme dann gleichmäßig auf die Laute f oder s wieder aus: „ffffff" oder „ssssss".

 3. Atme tief und ruhig durch die Nase ein, atme dann auf die Laute f oder s stoßweise aus: „f-f-f-f-f" oder „s-s-s-s-s".

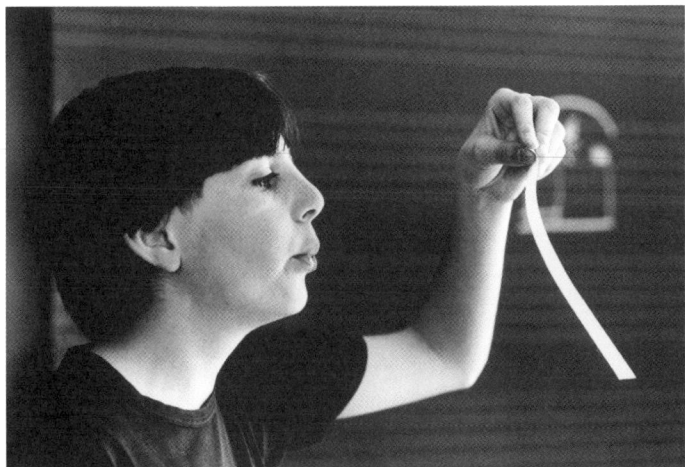

Atme tief und ruhig ein. Blase den Streifen eines Papiertaschentuchs von dir weg, so dass er immer in gleicher Distanz bleibt.

Notenwerte und Pausen

Ganze Note

zähle:
1 2 3 4
ta – a – a – a

Halbe Note

zähle:
1 2
ta – a

Viertelnote

zähle:
1
ta

Ganze Pause

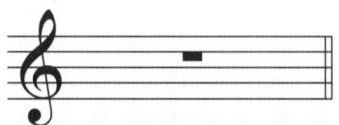

zähle: 1 2 3 4

Halbe Pause

zähle: 1 2

Viertelpause

zähle: 1

4/4 vier Viertel
Dieses Zeichen bedeutet, dass jeder Takt 4 Schläge enthält.

Für die folgenden Rhythmusübungen sind die Noten nur auf eine Linie geschrieben. Sprich die Übungen in der Taktsprache und klopfe dabei die Viertelschläge mit dem Fuß, oder klatsche sie.

1

ta – a – a – a   ta – a   ta – a   ta   ta   ta   ta   ta – a   ta – a

Schreibe hier deinen eigenen Rhythmus. Verwende dazu alle oben gelernten Notenwerte und Pausen!

Die Töne e', d' und c'

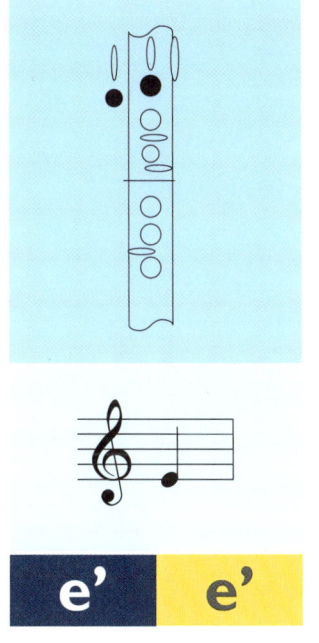

e' e'

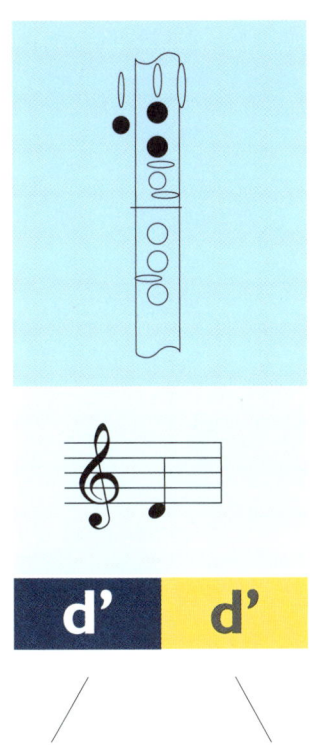

d' d'

Die **blauen Griffe** gelten für die **deutsche Klarinette**

Die **gelben Griffe** gelten für die **Böhm-Klarinette**

(Hier haben beide Systeme den gleichen Griff.)

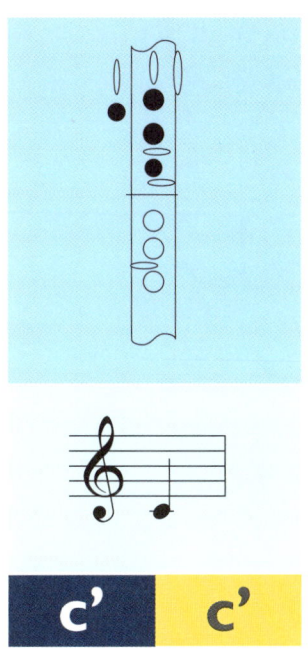

c' c'

2 Klarinetten-Echo

Dieses Stück ist zweistimmig – du erkennst dies an den Taktstrichen, die durch zwei Notensysteme gehen.
Der Pfeil vorne an der Linie zeigt jeweils an, welche Stimme du spielen kannst. Die Stimme ohne Pfeil ist als Begleitstimme für deine Lehrerin/deinen Lehrer gedacht.

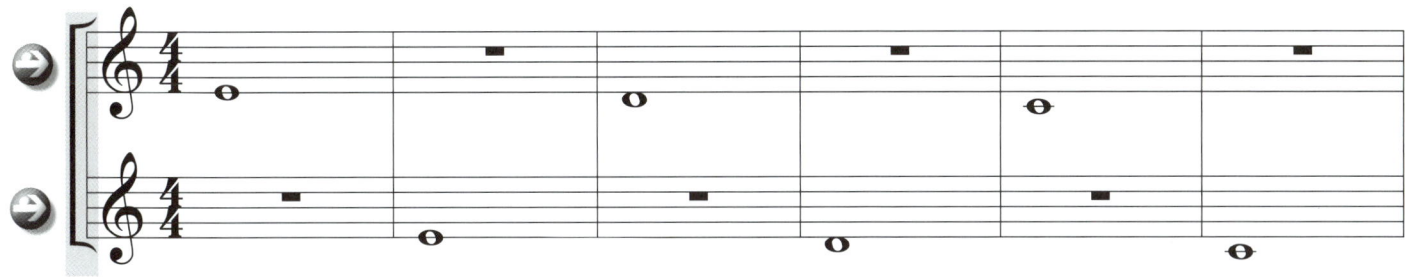

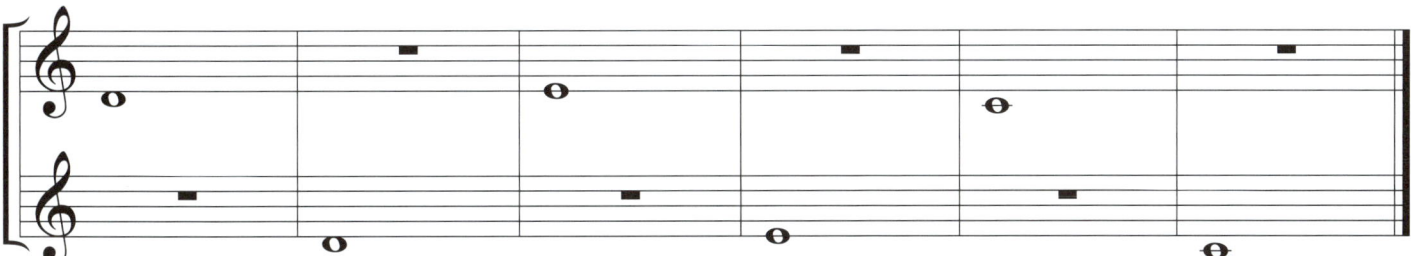

3 Zwei im Duett

Ein Duett ist ein Stück für zwei Spielerinnen/Spieler

Ch. Baechi

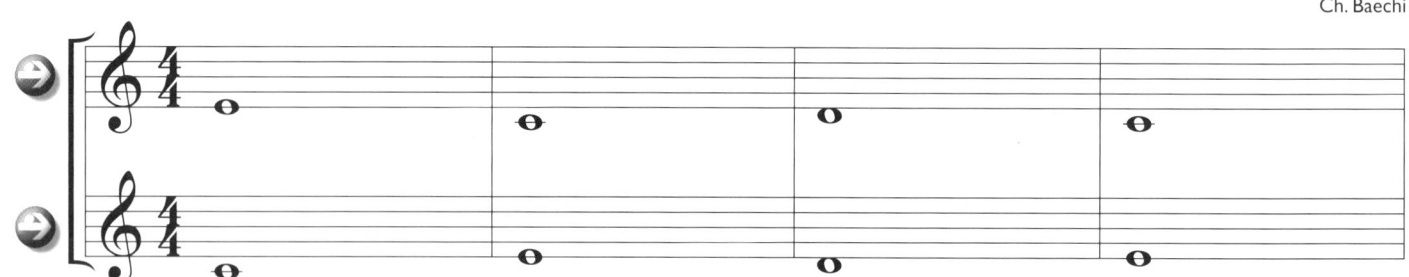

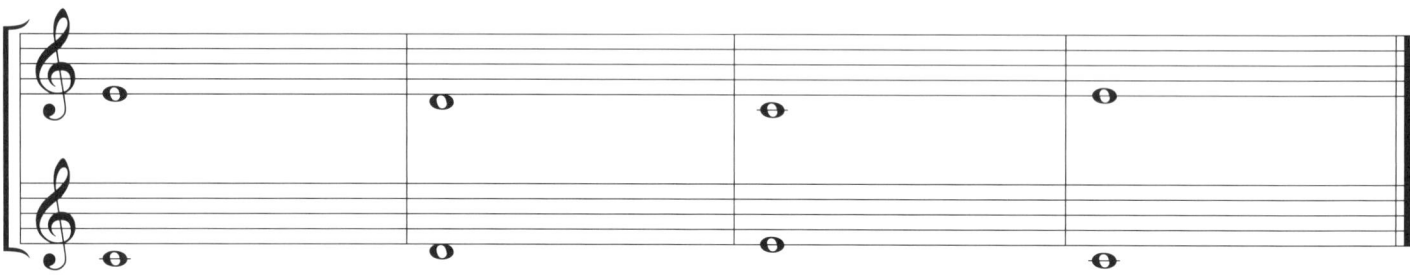

4 Halbe und Viertel

Versuche erst am Ende der Linie zu atmen!
Der Atemstrom soll nie abbrechen.

atmen
(dieses Zeichen ist ein Atemzeichen)

7 Merrily

Dies ist ein Matrosenlied aus England und heißt übersetzt: „Fröhlich fahren wir übers blaue Meer".

Dieses Zeichen ist ein **Wiederholungszeichen**.
Es bedeutet, dass das Stück nochmals gespielt wird.

Kapitel 2 · Die Töne e', d' und c'

8 Melodie

Ch. Baechi

9 Reiterlied

Ch. Baechi

Der Ton f'

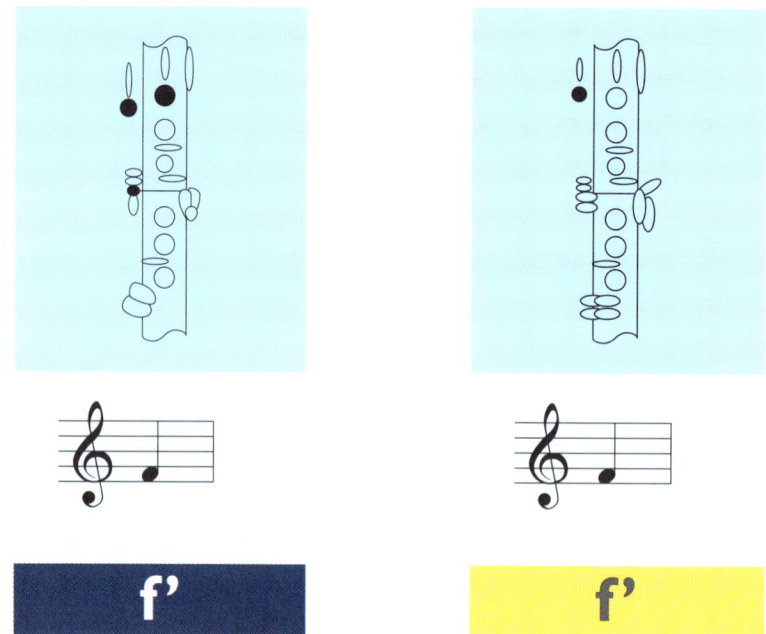

10 Glockentöne

Spiele die Töne gleichmäßig laut und mit einem schönen, vollen Klang!

Das Zeichen **C** bedeutet das Gleiche wie 4/4

Ch. Baechi

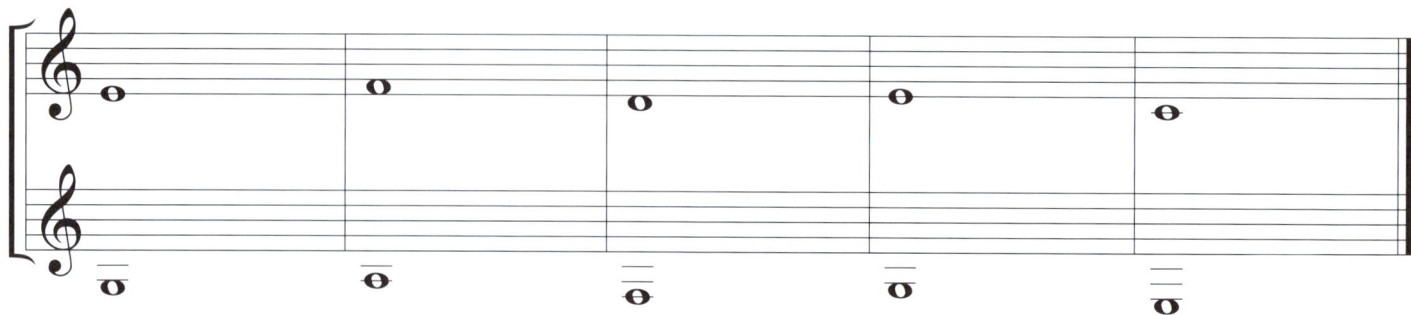

Kapitel 2 · Der Ton f' 27

11 Fuchs und Hase

Ch. Baechi

12 Höfischer Tanz

Track 11/12

Aus Frankreich, 16. Jh.
bearb.: Ch. Baechi

In der Audioaufnahme folgt hier ein **Zwischenspiel**. Spiele anschließend das Stück nochmal von vorne (mit Wiederholung).

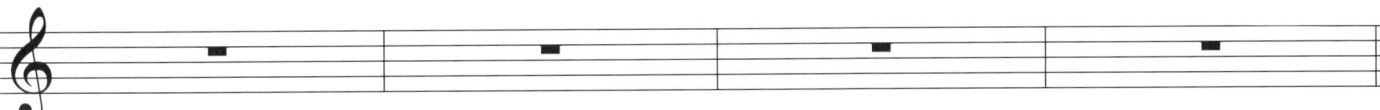

13 Der kleine Floh

Den einzelnen Ton am Anfang des Stücks nennt man **Auftakt**. Er fehlt dafür am Schluss.

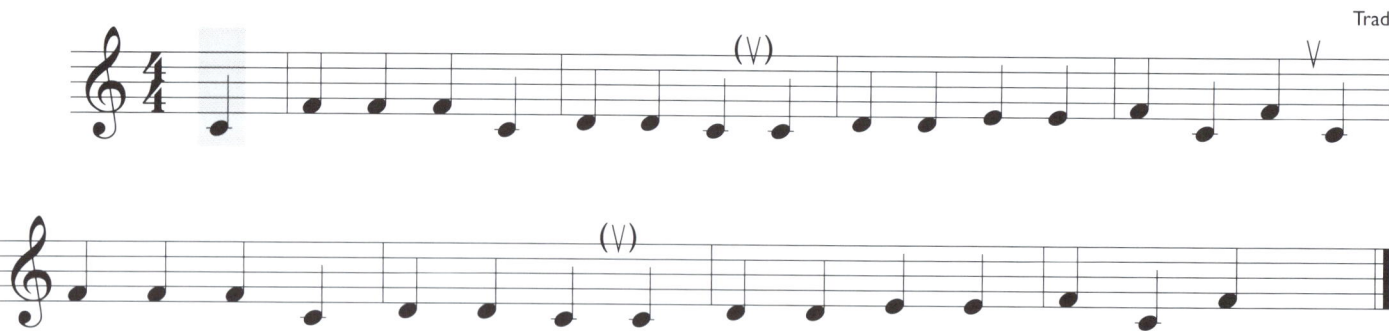

Wenn es quietscht …

In den ersten Wochen können Quietscher immer wieder mal vorkommen – kein Grund zur Beunruhigung. Hier findest du eine Checkliste, wie du sie vermeiden kannst:

Der Violinschlüssel

Es gibt verschiedene **Notenschlüssel** am Anfang des Notensystems. Sie zeigen uns an, welchen Tönen die einzelnen Linien des Notensystems zugeordnet werden.
Der Schlüssel für die hohen Instrumente ist der **G-Schlüssel** oder **Violinschlüssel**.
Er entstand aus dem Buchstaben **G**, der um die zweitunterste Linie herum geschrieben wurde. Diese Linie ist die Linie des g.

| Violinschlüssel | Bassschlüssel | Altschlüssel |

 Fahre zuerst dem großen Violinschlüssel mit Farbe nach. Zeichne dann den Schlüssel selbst. Zuerst nur den Anfangskreis, dann den ganzen Schlüssel.

15 Mein eigenes Lied

 Schreibe hier dein eigenes Lied mit den bis jetzt gelernten Tönen (Violinschlüssel nicht vergessen!).

Titel:

Der Ton g'

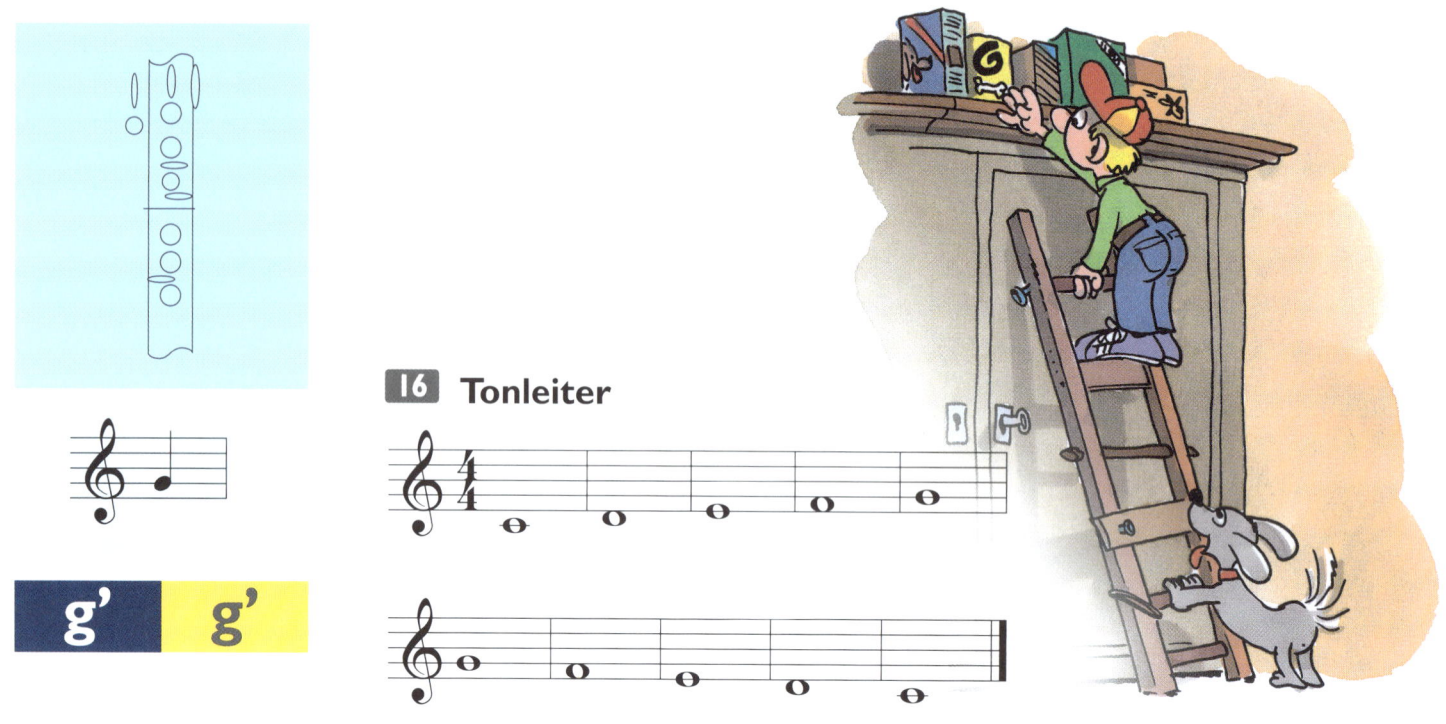

16 Tonleiter

17 Tonleiterlied

Ch. Baechi

18 Hänschen klein

Track 5/6

Volkslied
Text: Franz Wiedemann

Häns - chen klein, ging al - lein in die wei - te Welt hin - ein, Stock und Hut, steht ihm gut, ist gar wohl - ge - mut. Doch die Mut - ter wei - net sehr, hat ja nun kein Häns - chen mehr. Wünsch' dir Glück sagt ihr Blick, kehr' nur bald zu - rück.

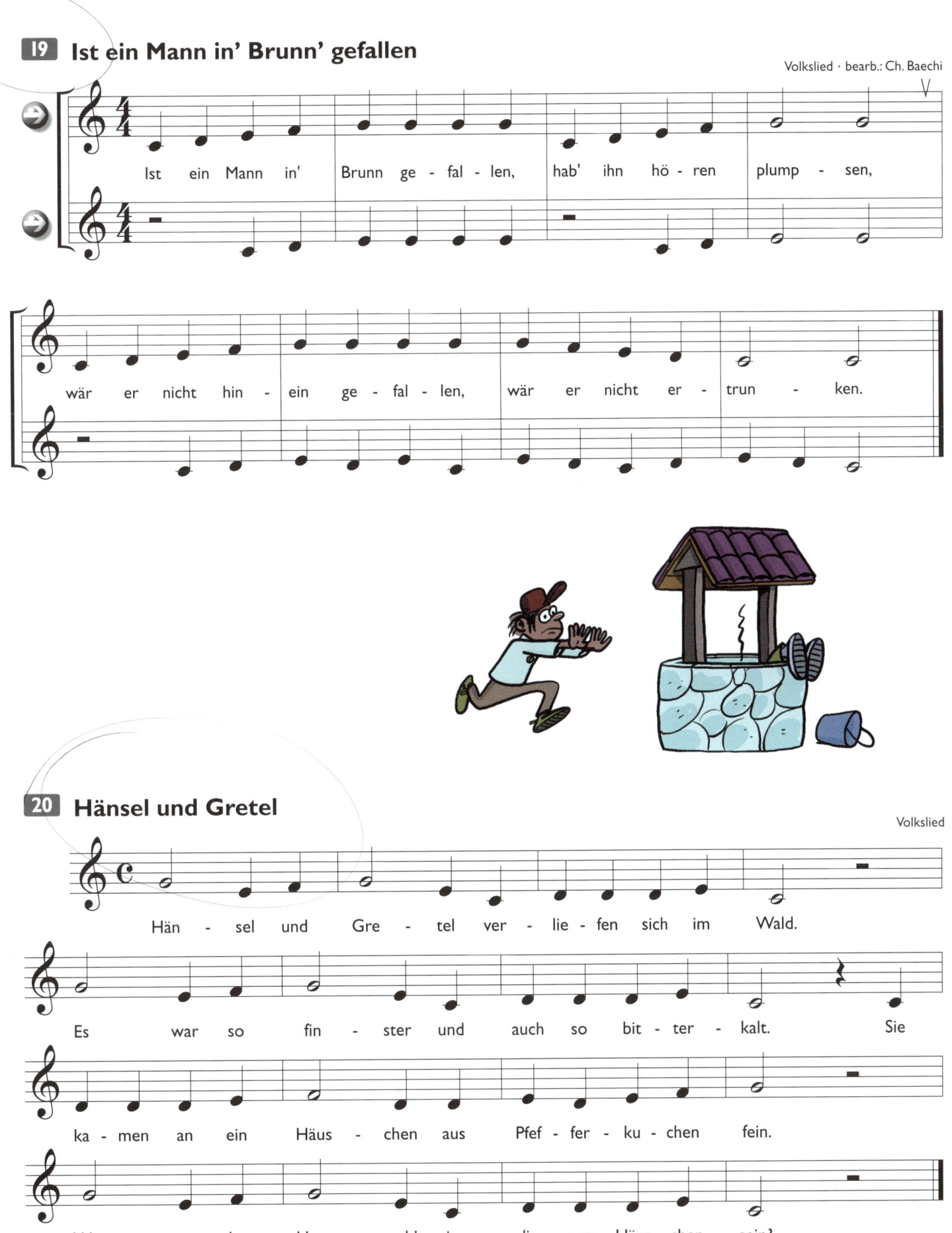

Improvisieren ist nicht schwer

Improvisieren bedeutet, etwas im Moment zu erfinden. Sicher hast du auch schon einmal improvisiert, ohne zu wissen was dieses schwierige Fremdwort bedeutet. Beim Spazieren z. B., als du spontan eine Melodie erfunden und vor dich hin gesungen hast. Auch mit der Klarinette kannst du improvisieren. Im folgenden Stück kannst du es gleich einmal ausprobieren.

 Zuerst spielst du zweimal die Melodie. Dort wo „Solo" steht kannst du anschließend zur Begleitmusik deine eigene Melodie erfinden. Du kannst dazu alle Töne verwenden, die oben in der Melodie vorkommen. Improvisiere so lange bis die Begleitmusik aufhört.

21 Rock for you

Track 13/14

Ch. Baechi

Mit diesen Tönen kannst du improvisieren:

Wenn du Pause machst ...

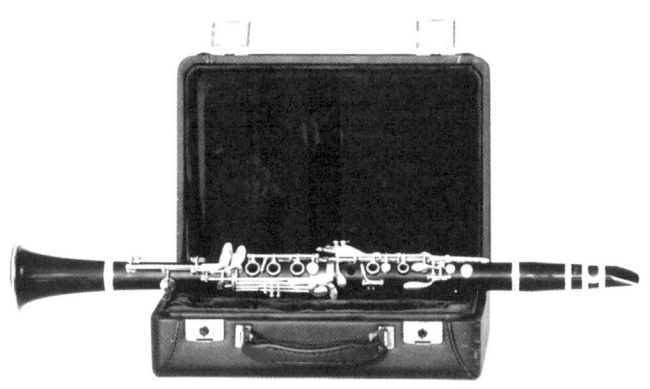

Wohin mit der Klarinette?
Am sichersten pausiert die Klarinette auf ihrem Koffer. Wenn die Klappen dabei nach oben schauen, läuft weniger Wasser in die Löcher. So kann das „Blubbern" beim Spielen vermieden werden.

Auch ein **Klarinettenständer** ist sehr praktisch. Er ist in Musikgeschäften erhältlich.

Kapitel 2 · Quiz 33

 **Wie heißt dieses Symbol?**  _____

 **Wie heißen die folgenden Notenwerte und Pausen und wie viele Zählzeiten haben sie?**

o _____ Ich zähle auf …

_____ Ich zähle auf …

♩ _____ Ich zähle auf …

_____ Ich zähle auf …

♩ _____ Ich zähle auf …

_____ Ich zähle auf …

 **Was bedeutet dieses Zeichen** **am Anfang des Taktes?**

_____

 **Schreibe die richtigen Notennamen in die Kästchen!**

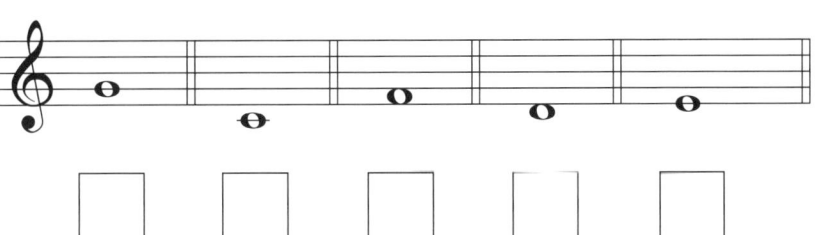

Kapitel 3
Ein Wort zur Haltung

Damit du beim Spielen eine gerade Haltung einnimmst, kannst du dir vorstellen, dass die Klarinette **zu dir** kommt wenn du sie aufnimmst, und **nicht du zu ihr**!

Richtig: **Falsch:**

 Folgende Übung kann dir helfen:
Stelle dich mit dem Rücken an eine Wand, so dass der ganze Rücken flach aufliegt. Die Füße stehen ca. 10 cm von der Wand entfernt, die Knie sind leicht gebogen, der Kopf berührt die Wand nicht.
Führe nun die Klarinette zum Mund, ohne dass sich dein Rücken von der Wand fortbewegt!

 **Stehen oder sitzen beim Üben?**
Um eine einseitige Haltung zu vermeiden, übst du am besten abwechselnd im Stehen und im Sitzen. Auch im Sitzen kannst du auf eine gerade Haltung achten.

Die punktierte Halbe Note

Ein Punkt hinter einer Note verlängert diese um die Hälfte ihres Wertes. Also: eine Halbe Note mit **2 Schlägen** bekommt durch den Punkt noch **1 Schlag** dazu. Das sind im ganzen **3 Schläge**.

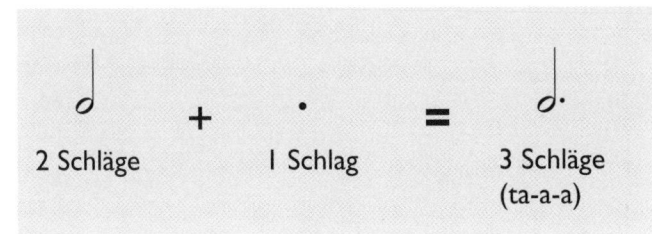

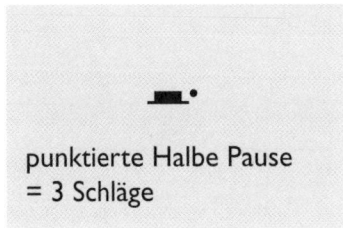

22

Sprich und klopfe (Diese Übungen sind im **3/4 Takt** geschrieben).

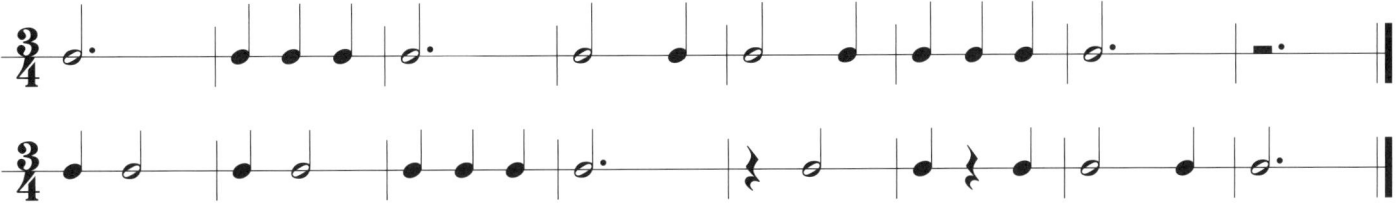

23 Kuckuck rufts aus dem Wald

Melodie: anonym
Text: A. H. Hoffmann von Fallersleben

Ku - ckuck! Ku - ckuck! Ruft's aus dem Wald! Las - set uns sin - gen, tan - zen und sprin - gen! Früh - ling, Früh - ling, wird es nun bald.

24 Müde bin ich, geh zur Ruh

Volkslied

Kapitel 3 · Die punktierte Halbe Note

25 Jingle Bells

Track 15/16

J. Pierpont

26 One man went to mow

Track 17/18

Melodie: Trad. · Text: Tony Day, Alan Zeffertt & Robert Thompson · bearb.: Ch. Baechi

© 1964 Northern Songs Limited. Sony/ATV Music Publishing.
All rights reserved. International Copyright Secured · Used by permission of Hal Leonard Europe Limited.

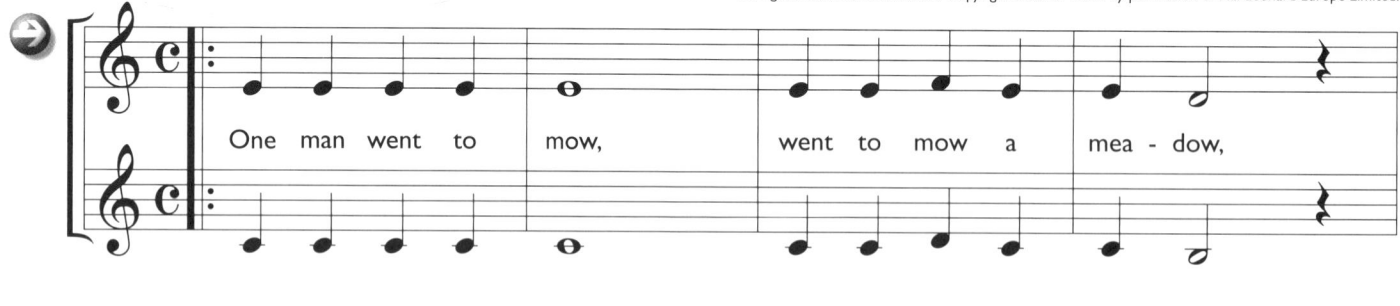
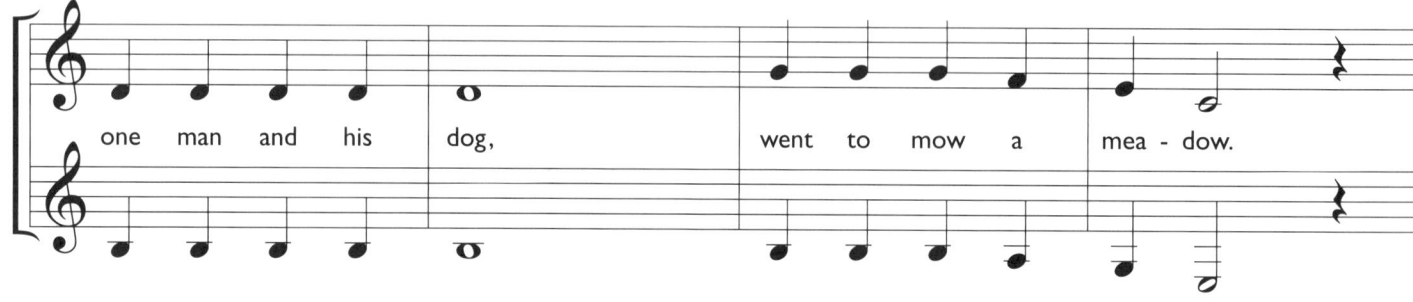
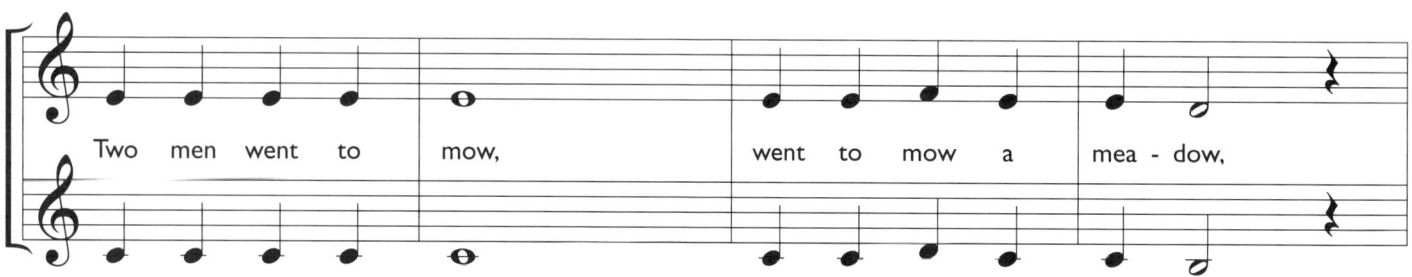

Kapitel 3 · Der Ton a'   37

two men, one man and his dog, went to mow a mea - dow.

Der Ton a'

27 Hier nochmals ein Lied, das du sicher schon auswendig gespielt hast. Schreibe den Titel über das Lied und spiele es anschließend auf deiner Klarinette.

Titel:

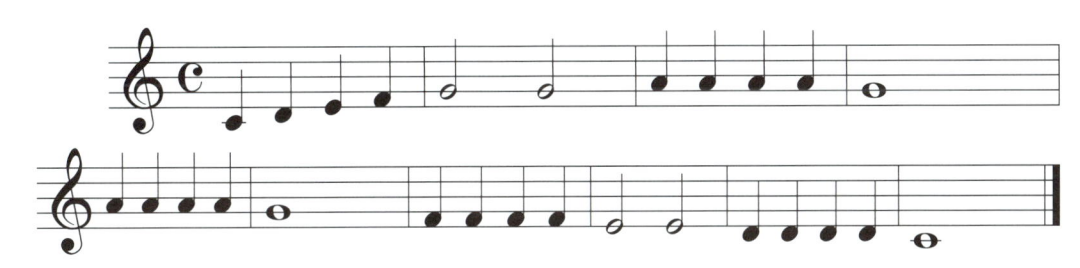

Daumen und Zeigefinger:
Wenn du die A-Klappe drückst, solltest du darauf achten, **dass sich der Daumen frei über dem Daumenloch befindet**, bereit für seinen nächsten Einsatz. Er sollte nicht auf der Klarinette liegen. Der **Zeigefinger** liegt **seitlich** auf der A-Klappe. Etwa dort wo das erste Fingergelenk beginnt.

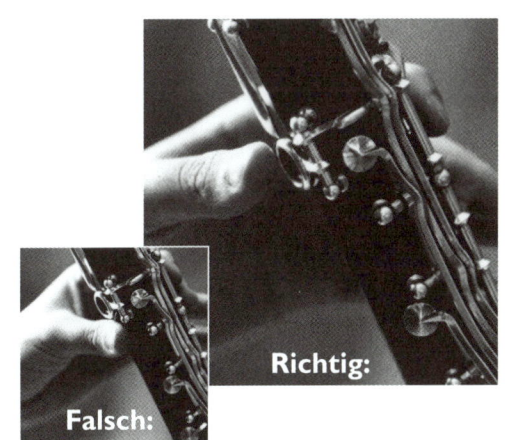

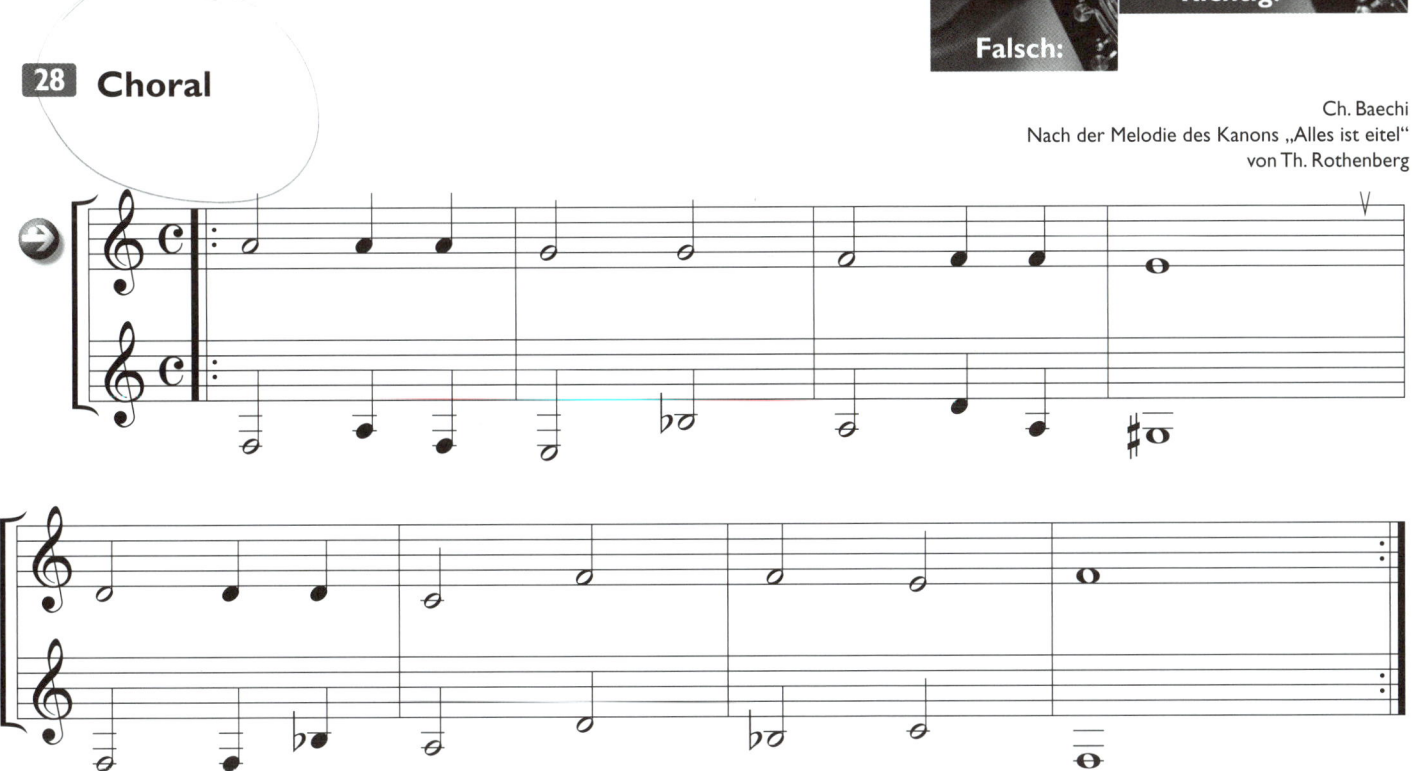

Falsch: **Richtig:**

28 Choral

Ch. Baechi
Nach der Melodie des Kanons „Alles ist eitel"
von Th. Rothenberg

29 Auf der Mauer, auf der Lauer

Volkslied

Auf der Mau-er, auf der Lau-er, sitzt 'ne klei-ne Wan-ze.
Auf der Mau-er, auf der Lau-er, sitzt 'ne klei-ne Wan-ze.
Seht euch mal die Wan-ze an, wie die Wan-ze tan-zen kann!
Auf der Mau-er, auf der Lau-er, sitzt 'ne klei-ne Wan-ze.

30 Kipp-Swing

Track 19/20

Bei dieser Übung geht es darum, den **Zeigefinger** vom a zum e (und zurück) zu **rollen** oder zu **kippen**.
Er darf nicht hüpfen und sollte immer mit dem Instrument in Berührung bleiben.

Ch. Baechi

Kapitel 3 · Der Ton a' 39

31 Der Mond ist aufgegangen

Melodie: J. A. P. Schulz
Text: M. Claudius

Der Mond ist auf - ge - gang - en, die gold - nen Stern - lein prang - en am Him - mel hell und klar. Der Wald steht still und schwei - get, und aus den Wie - sen stei - get der wei - ße Ne - bel wun - der - bar.

32 Regenwetter

Ch. Baechi

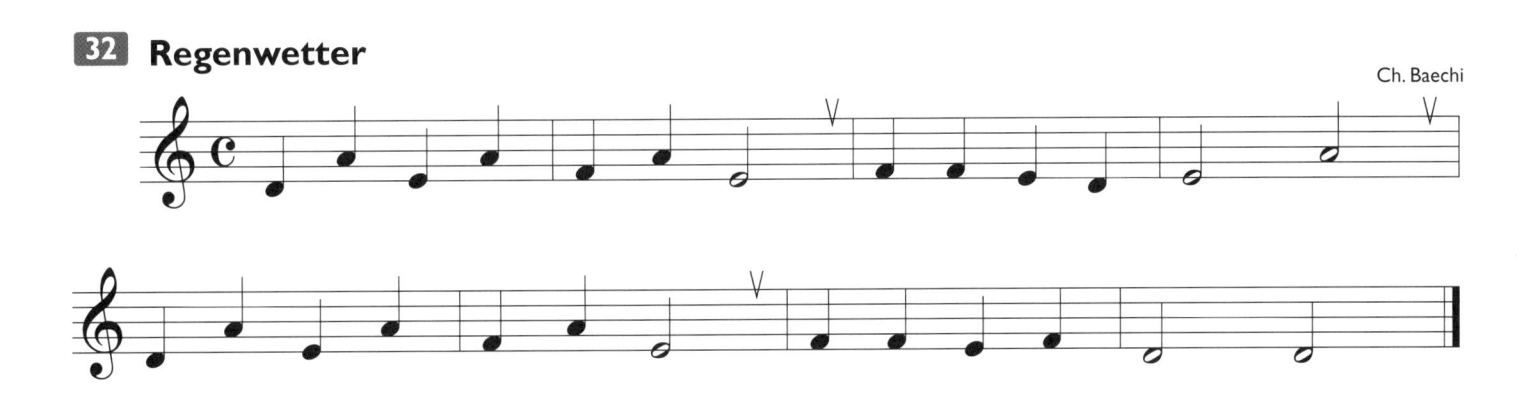

33 Kniffliger Ländler

Ch. Baechi

Gebundene Noten (legato)

Der Bindebogen:
Sind zwei oder mehrere Noten mit einem Bindebogen verbunden, **wird nur die erste Note angestoßen**. Die restlichen Noten unter dem Bogen werden mit der Zunge nicht angestoßen, sie werden **angebunden**.

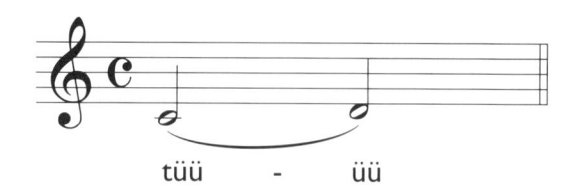

tüü - üü

Der Haltebogen:
Ein Haltebogen verbindet **zwei gleiche Noten**. Die zweite Note **wird nicht angestoßen**, sondern **dazugezählt**.

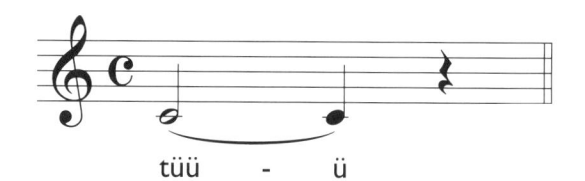

tüü - ü

34 **Legato-Übungen**

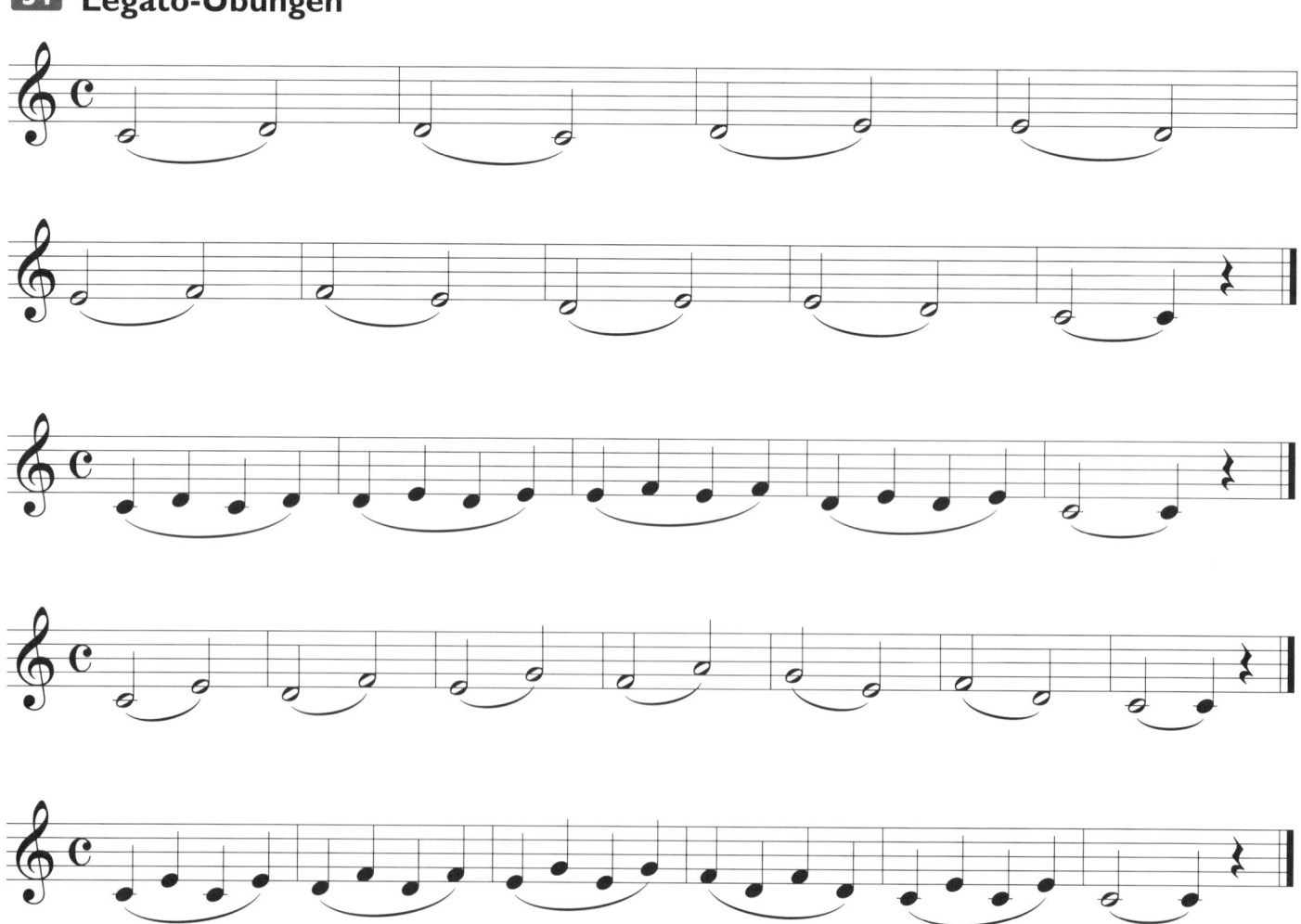

Kapitel 3 · Gebundene Noten (legato)

35 **Meiteli was truurisch du?**

Schweizer Volkslied · bearb.: Ch. Baechi

Mei - te - li was tru - risch du, tru - risch du, tru - risch du,

Mei - te - li was tru - risch du, s'isch doch nöd so schlimm.

36 **Streitgespräch**

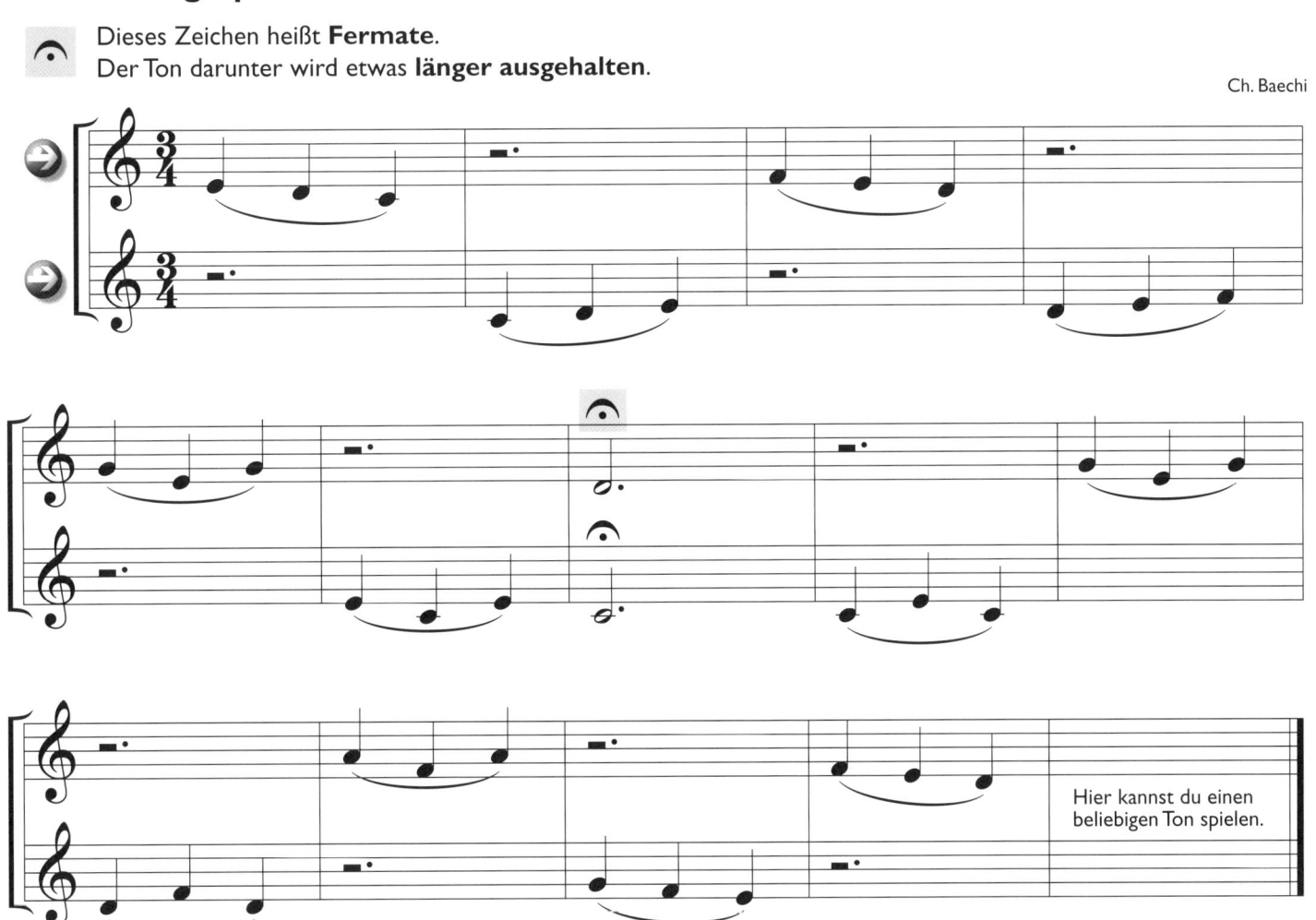

Dieses Zeichen heißt **Fermate**.
Der Ton darunter wird etwas **länger ausgehalten**.

Ch. Baechi

Hier kannst du einen beliebigen Ton spielen.

37 Au clair de la lune

aus einem Kontratanz um 1780

Au clair de la lu - ne, mon a - mi Pier - rot,
prê - te - moi ta plu - me pour é - crir' un mot.

Ma chan - dell' est mor - te, je n'ai plus de feu,

ou - vre - moi ta por - te, pour 'l a - mour de Dieu!

38 Oh when the Saints

Track 21/22

Spiritual · bearb.: Ch. Baechi

Kapitel 3 · Quiz   43

QUIZ!

? **Schreibe zu jeder Note den Namen eines Kindes, der mit dem selben Buchstaben beginnt, wie der Name der Note!**

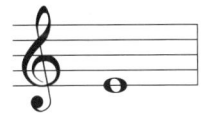

? **Wie heißt dieses Zeichen?**

☐ Fermate

☐ Termite   **Und was bedeutet es?** _____

☐ Ferment

? **Wieviele Schläge hat diese Note?** ♩. _____

? **Wie heißt dieses Zeichen?** _____

Kapitel 4
Achtelnoten

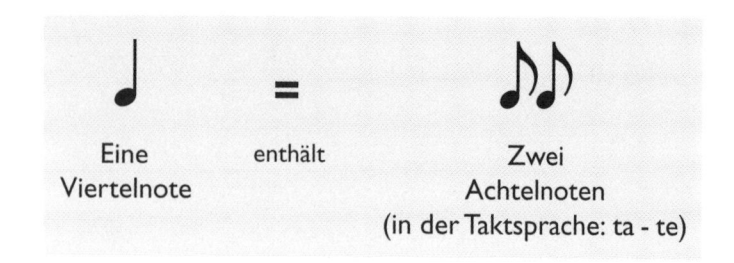

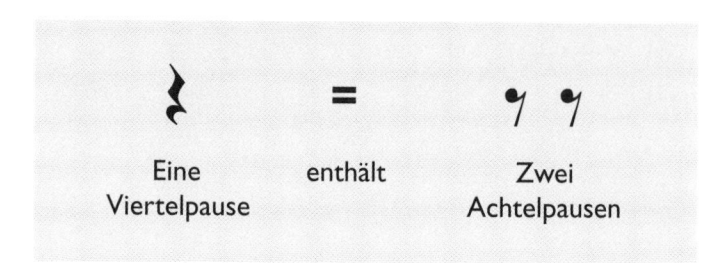

Eine Viertelnote enthält Zwei Achtelnoten (in der Taktsprache: ta - te)

Eine Viertelpause enthält Zwei Achtelpausen

Zwei oder mehrere Achtelnoten nebeneinander werden meistens mit einem Balken verbunden:

Anhang Nr. **A2**

39

→ **Sprich und klopfe**

ta   ta   ta   ta   ta - te   ta

40

ta - te   ta - te   ta   ta

41 Aus Japan: Hotaru Koi

Kanon aus Japan
Übersetzt: „Komm Leuchtkäfer, komm!"

1.   2.   3.

Ho,   ho   ho - ta - ru koi.   At - chi no mi - zu wa ni - ga - i zo,

Kot - chi no mi - zu wa   a - ma - i zo.   Ho,   ho   ho - ta - ru koi.

42 **Winter ade**

Track 9/10

Volkslied
Text: A. H. Hoffmann von Fallersleben · bearb.: Ch. Baechi

Win - ter a - de! Schei - den tut weh.
A - ber dein Schei - den macht, dass mir das Her - ze lacht.
Win - ter a - de! Schei - den tut weh.

Erste Klammer, zweite Klammer

Die Wiederholung mit zwei verschiedenen Schlüssen
Die beiden Klammern im nächsten Stück bedeuten zwei verschiedene Schlüsse. Beim ersten Durchgang wird der Schluss unter Klammer 1 gespielt, bei der Wiederholung wird der erste Schluss übersprungen und direkt der Schluss unter Klammer 2 gespielt.

43 **Kol do-di**

Volkslied aus Israel

Kol do - di, kol do - di, kol do - di hi - ne se ba me - da leg al he ha - rim me - ka - pez al ha gwa - ot ha gwa - ot
He jo - ho, he jo - ho, fah - re weit ü - ber's gro - ße Meer; flie - ge ü - ber al - le Ber - ge, flie - ge hin ins fer - ne Land, fer - ne Land.

Variationen über das Thema „Ah vous dirai-je maman"
(„Morgen kommt der Weihnachtsmann")

Eine Variation ist eine **Veränderung eines Liedes** (man sagt auch eines **Themas**), indem dieses zum Beispiel mit zusätzlichen Achtelnoten umspielt wird. Das ursprüngliche Lied ist in der Variation aber immer noch zu erkennen.

44 **Thema**

Track 23/24

Französisches Kinderlied

45 **Erste Variation**

Ch. Baechi

46 Zweite Variation

Ch. Baechi

Die Finger

Gerade bei schnellen Liedern ist es hilfreich, wenn deine Finger schön locker sind. Du kannst dir vorstellen, sie seien so **leicht wie Schmetterlinge**. Dabei sollten sie aber trotzdem **nahe bei den Tonlöchern** bleiben, damit sie schnell zugreifen können, wenn sie gebraucht werden.

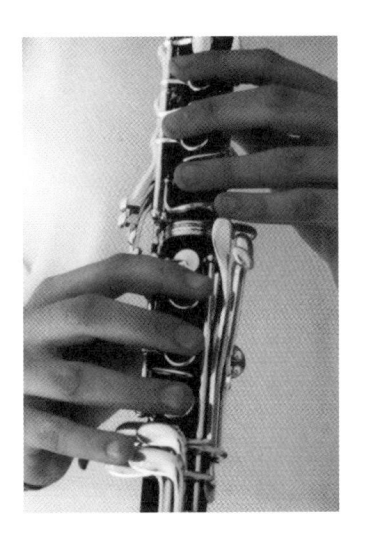

Richtig
Die Finger sind schön über den Löchern angeordnet.

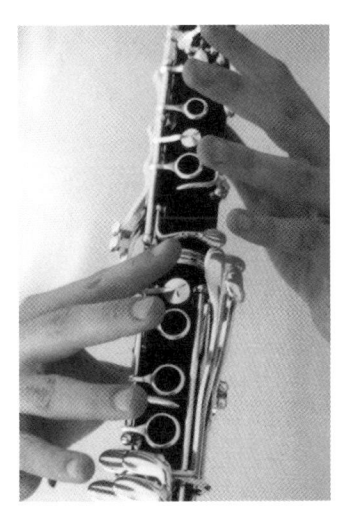

Falsch
Die Finger sind zu weit weg von den Löchern. Es wird schwierig, die Töne rechtzeitig zu treffen.

Kapitel 4 · Die Finger

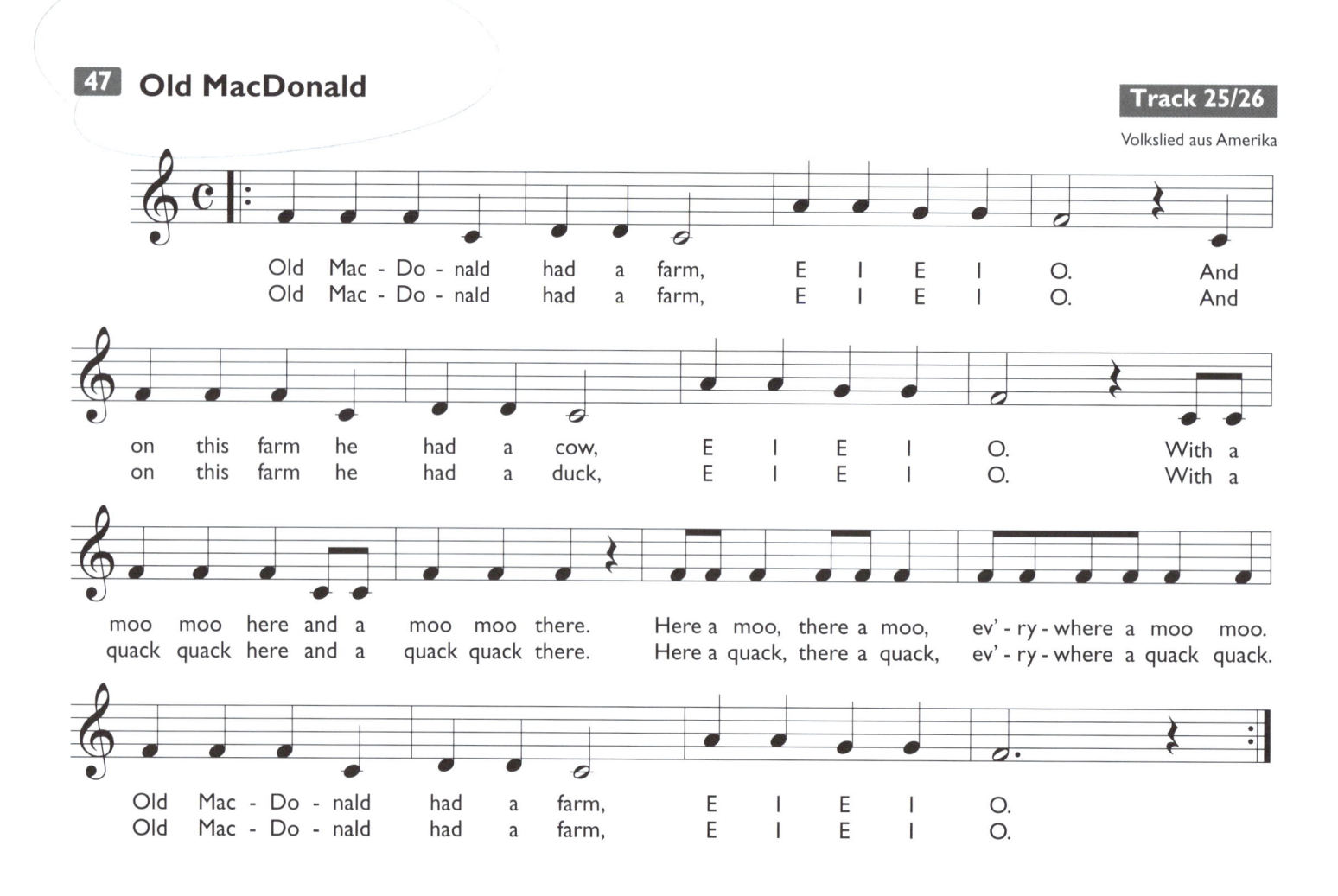

47 Old MacDonald

Track 25/26

Volkslied aus Amerika

Old Mac-Do-nald had a farm, E I E I O. And
Old Mac-Do-nald had a farm, E I E I O. And

on this farm he had a cow, E I E I O. With a
on this farm he had a duck, E I E I O. With a

moo moo here and a moo moo there. Here a moo, there a moo, ev'-ry-where a moo moo.
quack quack here and a quack quack there. Here a quack, there a quack, ev'-ry-where a quack quack.

Old Mac-Do-nald had a farm, E I E I O.
Old Mac-Do-nald had a farm, E I E I O.

Kapitel 4 · Die Finger

48 Long long ago

Track 27/28

Thomas Haynes Bayly

49 Was soll das bedeuten

Volkslied aus Schlesien
bearb.: Ch. Baechi

1. Was soll das be - deu - ten? Es ta - get ja schon. Ich weiß wohl es geht schon um Mit - ter - nacht

2. rum. Schaut nur da - her, schaut nur da - her! Wie glän - zen die Stern - lein je läng - er, je mehr.

Laut und leise (Dynamik)

Die **Dynamik** bezeichnet in der Musik **verschiedene Lautstärken**. So wie du nicht immer gleich laut sprichst, kannst du auch ein Musikstück verschieden laut spielen. Ein Abendlied wirst du wahrscheinlich leiser spielen, als einen fröhlichen Marsch. Wie die meisten Bezeichnungen in der Musik stammen auch die Lautstärkebezeichnungen aus dem Italienischen.

p = piano = leise
mp = mezzopiano = nicht ganz leise
mf = mezzoforte = mittellaut
f = forte = laut

50

Spiele die folgenden Töne in der angegebenen Lautstärke:

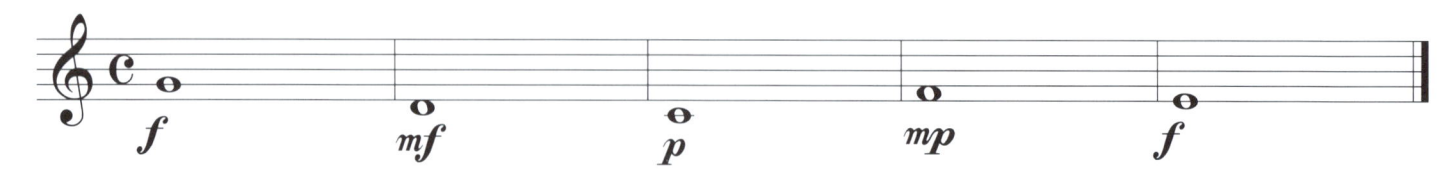

f   *mf*   *p*   *mp*   *f*

51

Schreibe hier selbst Töne mit verschiedenen Lautstärkebezeichnungen und spiele sie deiner Lehrerin / deinem Lehrer oder Mitschülern vor. Finden sie heraus welche Lautstärke du spielst, ohne zu sehen was du geschrieben hast?

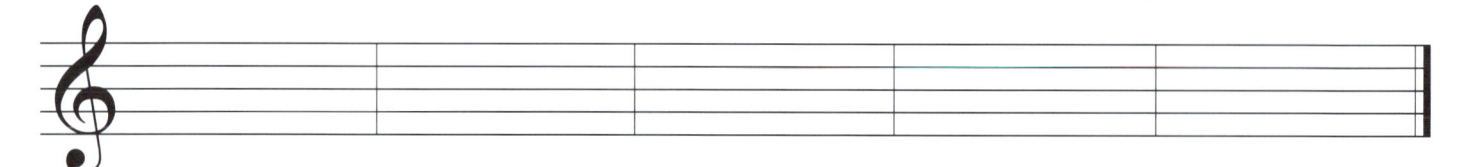

Der Ton h

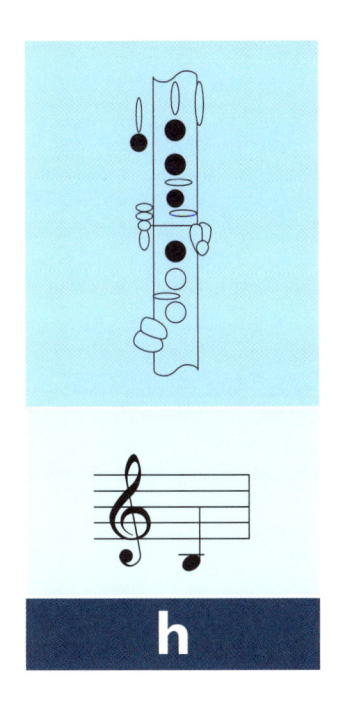

Dies ist der **normale Griff** für das h.

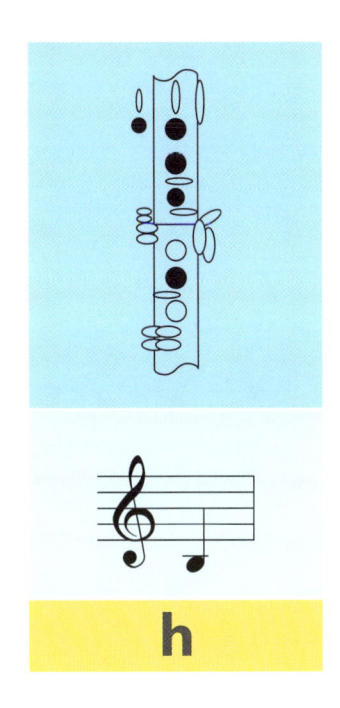

Dies ist ein **Hilfsgriff**, den du später brauchen wirst.

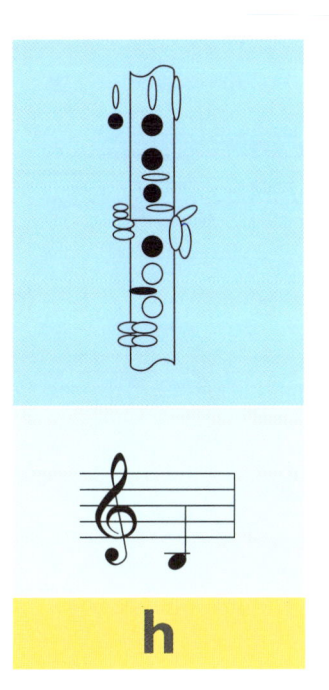

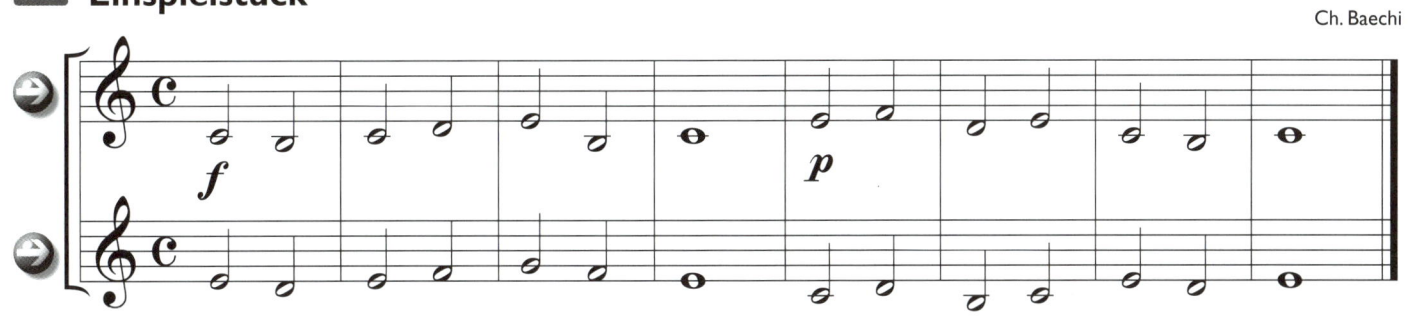

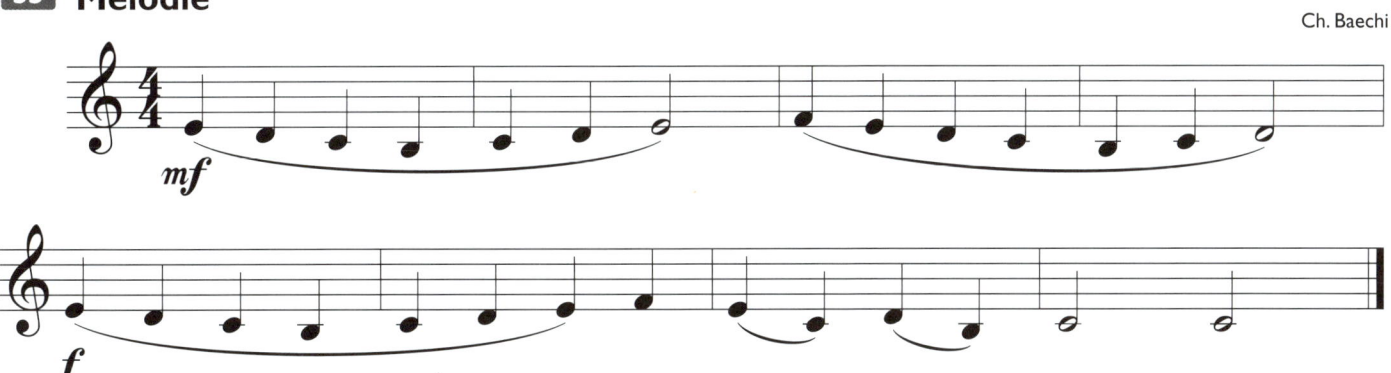

h   h   h

52 Einspielstück

Ch. Baechi

53 Melodie

Ch. Baechi

Kapitel 4 · Der Ton h

54 Kommt ein Vogel geflogen (Roti Rösli)

Track 3/4

Melodie: W. Müller Text: A. Bäuerle
bearb.: Ch. Baechi

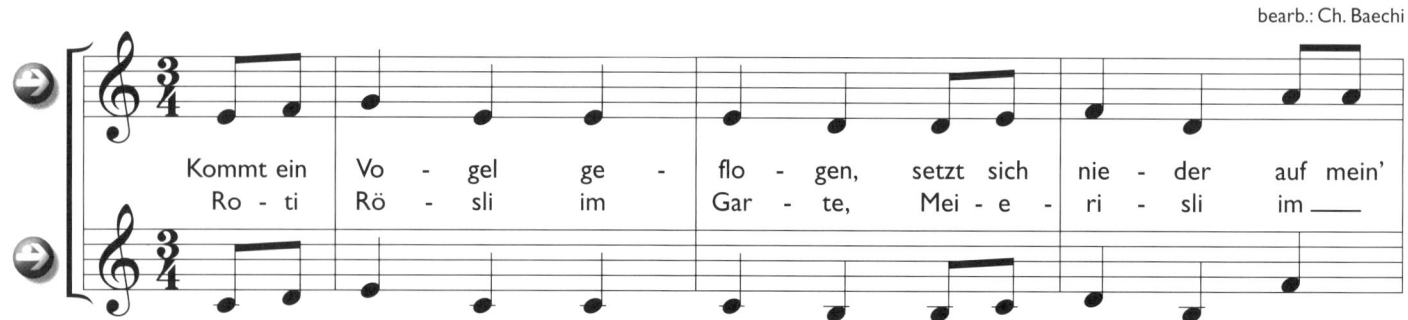

Kommt ein Vo - gel ge - flo - gen, setzt sich nie - der auf mein'
Ro - ti Rö - sli im Gar - te, Mei - e - ri - sli im

Fuß, hat ein' Zet - tel im Schna - bel, von der Mut - ter ein' Gruß.
Wald. Wänn de Wind chunt go bla - se, dänn ver - wel - ket si bald.

55 Menuett

Zeichne in diesem Stück selbst Bindebögen ein!

Ch. Baechi
Nach einem Menuett von G. F. Händel

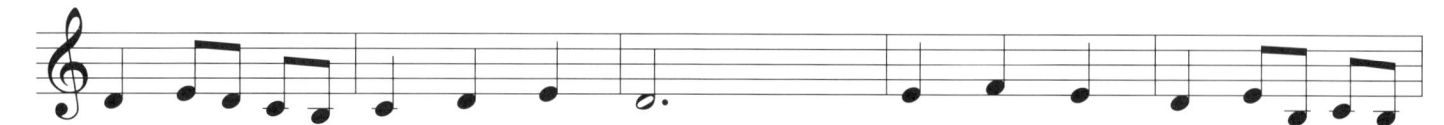

Das Staccato

Wenn unter einer Note ein Punkt steht, bedeutet dies, dass der Ton kurz gespielt wird. Du kannst dir dabei den Ton eines Gummiballs vorstellen, der kurz den Boden berührt und sogleich wieder hochfedert.

Wichtig: Wenn eine Note kurz gespielt wird, heißt dies nicht, dass die nächste Note früher gespielt wird. Es entsteht eine Pause bis zum nächsten Ton:

tü tü tü tü

Zwerchfell-Übung

Stelle dich hin und lege eine Hand auf den Bauch. Sage nun mehrmals hintereinander die Laute „p - t - k" („**ph - th - kh**").
1. Sage die Laute zuerst **langsam**. Spürst du wie sich dein Bauch bewegt?
2. Sage die Laute nun **schnell hintereinander**. Wie bewegt sich der Bauch jetzt?

56 Kleiner Tanz

Ch. Baechi

Kapitel 4 · Das Staccato

57 Kurz und bündig

Track 29/30

Ch. Baechi

Solo

➜ Improvisiere im gleichen Rhythmus weiter, mit allen Tönen die du bis jetzt gelernt hast.

58 Noch eine Variation über „Ah, vous-dirai-je Maman"

Ch. Baechi

Crescendo / decrescendo
(lauter werden / leiser werden)

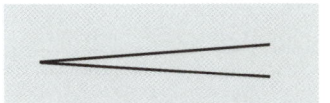

crescendo
Dieses Zeichen heißt
lauter werden

decrescendo
Dieses Zeichen heißt
leiser werden

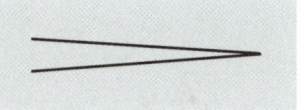

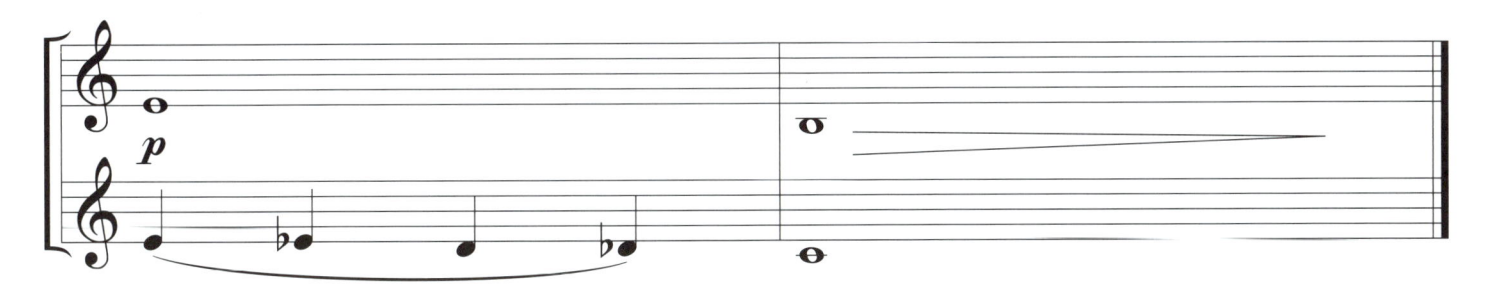

59 In der Geisterbahn

Ch. Baechi

60 Lauter und leiser

Ch. Baechi

61 Badinage

Carl Czerny

Kapitel 4 · Quiz

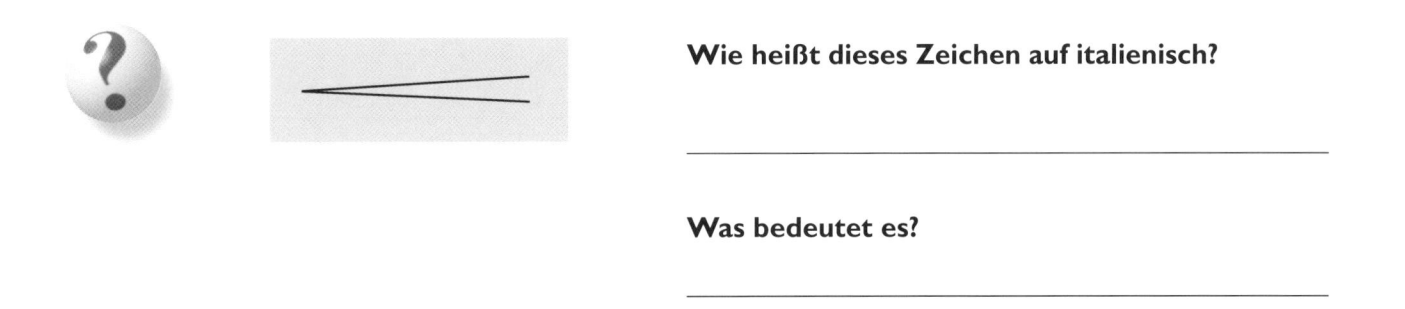

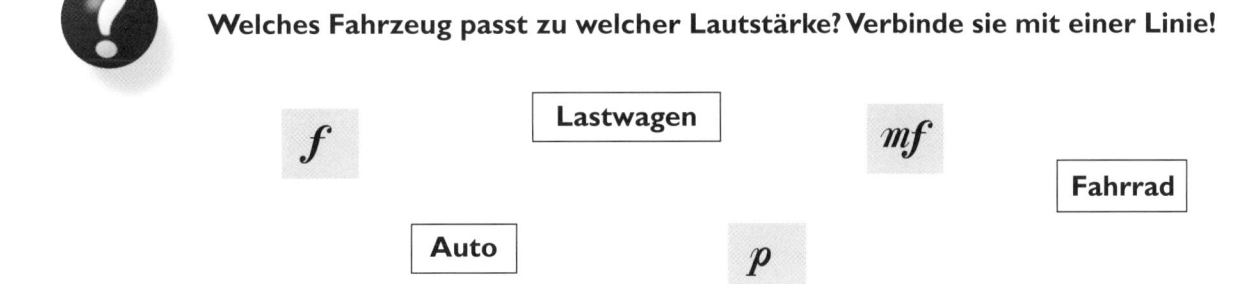

QUIZ!

? **Ergänze die folgenden Takte mit passenden Notenwerten oder Pausen!**

? Wie heißt dieses Zeichen auf italienisch?

_____

Was bedeutet es?

_____

? **Welches Fahrzeug passt zu welcher Lautstärke? Verbinde sie mit einer Linie!**

f   Lastwagen   *mf*

                                    Fahrrad

    Auto   *p*

? **Was ist eine Variation?**

_____

Kapitel 5
Das tiefe a und das tiefe g

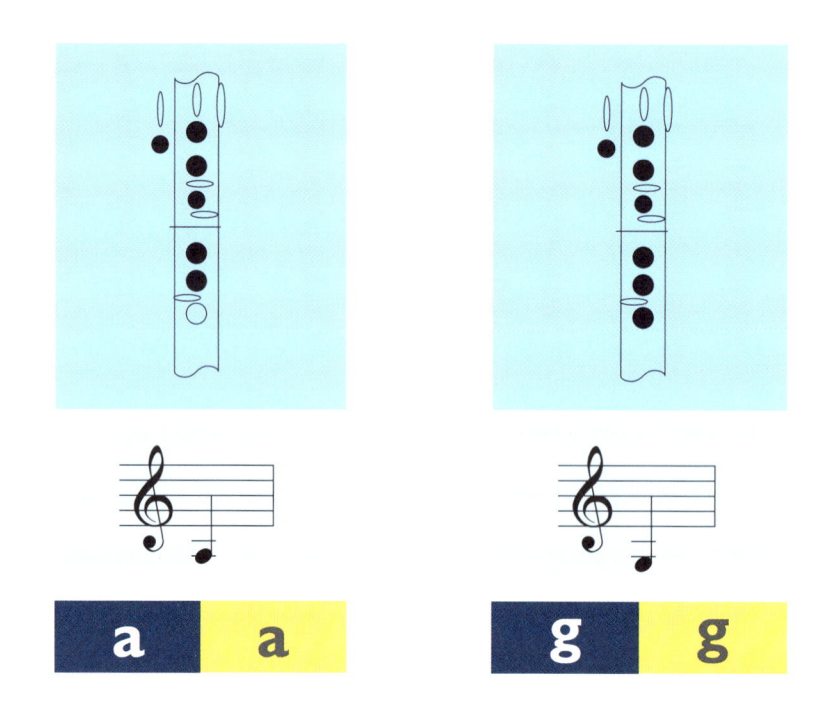

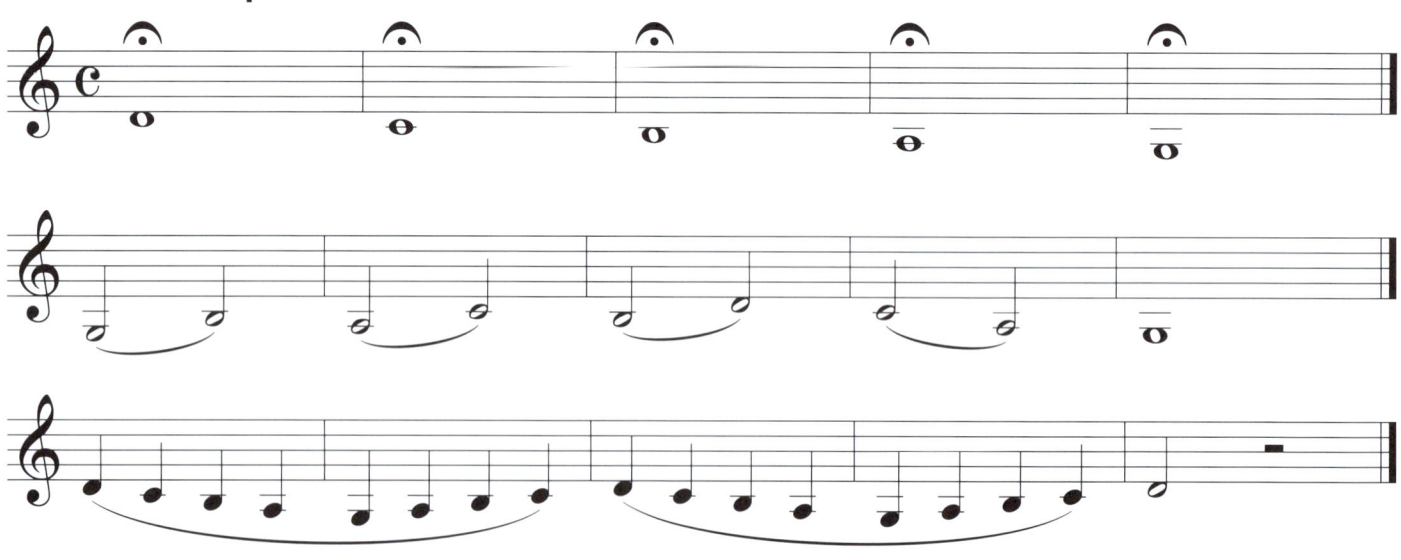

a a   g g

62 Zum Einspielen

63 Fuchs du hast die Gans gestohlen

Spiele auswendig weiter.

Kapitel 5 · Das tiefe a und das tiefe g   59

64 Im Aargau sind zwöi Liebi

Schweizer Volkslied

Im_ Aar - gau sind zwöi_ Lie - bi, es_ Mei - teli und es_ Büeb - li; die_
händ e - nand so_ gärn gärn gärn, die_ händ e - nand so_ gärn.

65 Det äne am Bergli

Schweizer Volkslied

mf
Det ä - nen am Berg - li, det schtaat e wis - si Geiss. Ich
ha si we - le mäl - che, da haut si mer eis. Ho - le
f
du - li du - li du - li, ho - le du - li du - li du - li du li, ho - le
du - li du - li du - li, ho - le du - li du - li du - li duu.

66 Happy birthday to you

Melodie: M. Hill / P. Smith Hill · Text: R. C. Coleman

Hap - py birth - day to you, hap - py birth - day to you, hap - py
Zum Ge - burts - tag viel Glück, zum Ge - burts - tag viel Glück, zum Ge -

1.
birth - day dear_ ..., hap - py birth - day to you. Hap - py
burts - tag, lie - be(r) ..., zum Ge - burts - tag viel Glück. Zum Ge -

2.
you.
Glück.

67 Im Märzen der Bauer

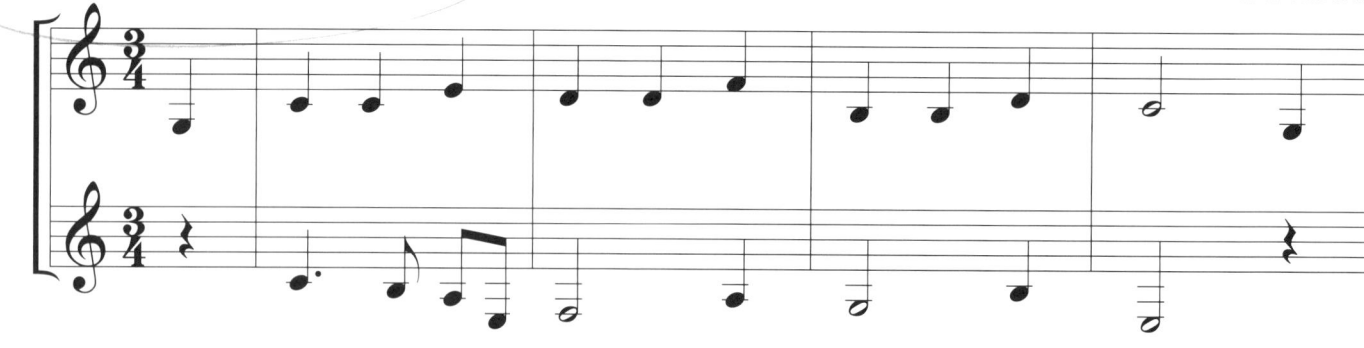

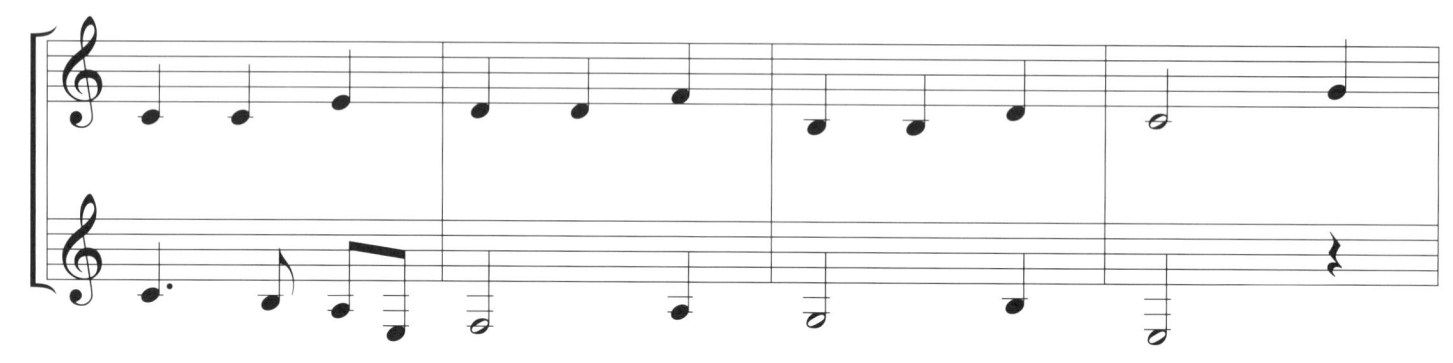

Volkslied aus Mähren · bearb.: Ch. Baechi

Kapitel 5 · Das tiefe a und das tiefe g

68 An den Ufern des Mexico River

Cowboy Song

An den U - fern des Me - xi - co Ri - ver____ zieht ein Wa - gen so ru - hig da - hin.____ Und ich bin ja so glück - lich und zu - frie - den,____ dass auch ich ein_ Cow - boy_ bin.____

69 Miau, miau, hörst du mich schreien?

Kanon
Volkslied aus Frankreich

1. Mi - au, mi - au, la nuit der - niè - re, mi - au, mi - au, la nuit der - niè - re,

2. j'en - ten - dais dans la gout - tiè - re, j'en - ten - dais dans la gout - tiè - re,

3. le chat de not - re por - tiè - re, le chat de not - re por - tiè - re.

70 Der Hahn ist tot

Kanon
Französisches Volkslied

Der Hahn ist tot, der Hahn ist tot.

Der Hahn ist tot, der Hahn ist tot.

Er kann nicht mehr kräh'n ko - ko - di, ko - ko - da.

Er kann nicht mehr kräh'n ko - ko - di, ko - ko - da.

Ko - ko - ko - ko - ko - ko - ko - ko - di, ko - ko - da.

71 Diese Lieder kann ich auswendig spielen

Suche drei Lieder im Heft aus, die dir besonders gefallen und lerne sie auswendig. Natürlich kannst du auch andere Lieder nehmen, die du kennst.

1. _____

2. _____

3. _____

Das Kreuz und der Ton fis'

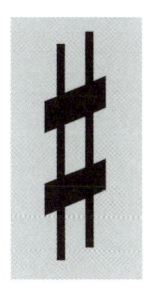

Ein Kreuz vor einer Note erhöht diese um einen halben Ton.
An den Namen des erhöhten Tons hängen wir die Silbe -is. Aus **f** wird z. B. **fis**.

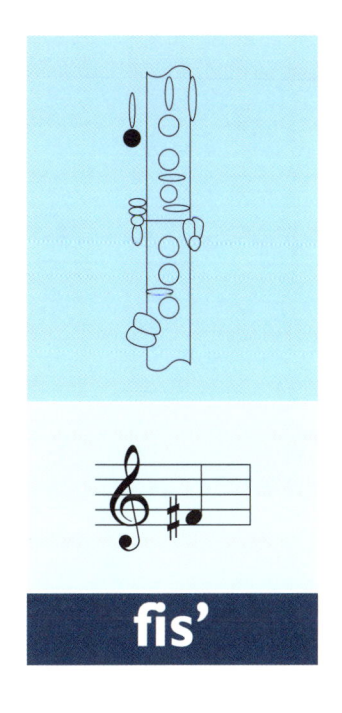

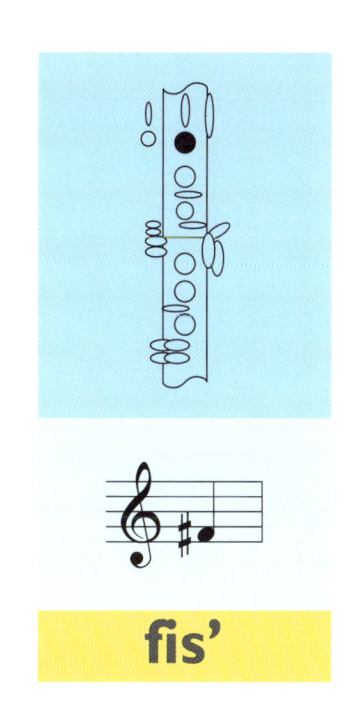

Beim Klavier ist das fis die schwarze Taste:

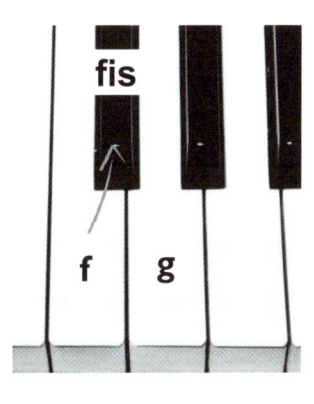

Vorzeichen vor der Note:
Ein Vorzeichen vor der Note gilt bis zum Ende des Taktes. Im nächsten Takt muss es neu geschrieben werden.

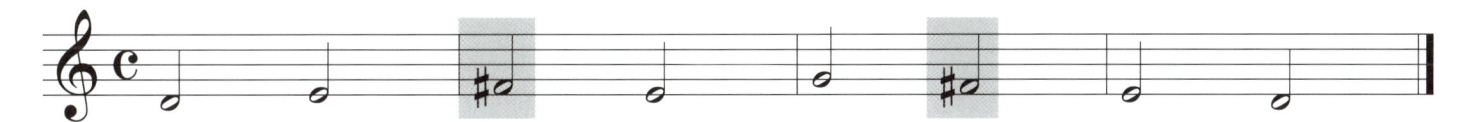

Vorzeichen am Anfang des Taktes:
Damit ein Kreuz jeden Ton f in einem Stück erhöht, schreibt man es an den Anfang der Notenlinie gleich hinter den Notenschlüssel, dort wo sich das hohe f befindet. Das Kreuz gilt nun für jedes f, egal, ob es hoch oder tief ist.

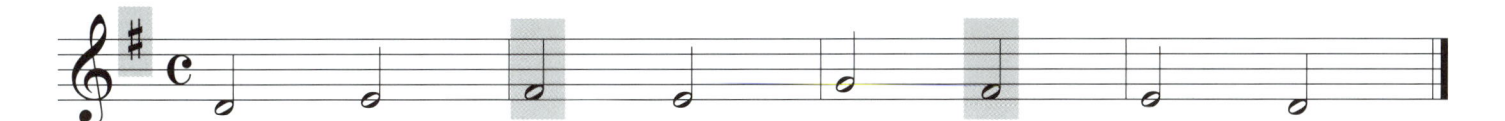

G-Dur: Die Tonleiter und der Dreiklang auf dem G

72

Die G-Dur Tonleiter

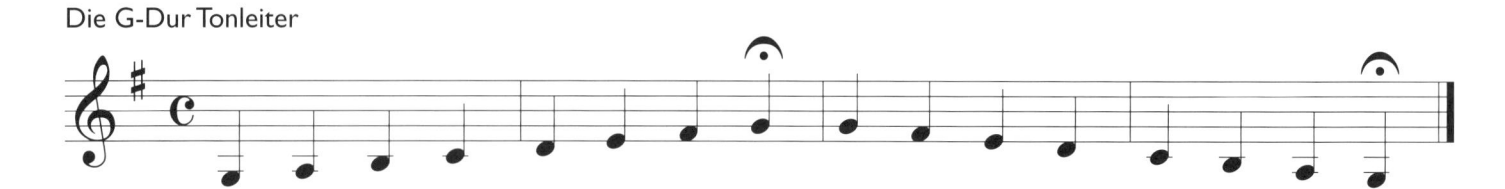

Der G-Dur Dreiklang

Der Dreiklang wird aus dem 1., 3. und 5. Ton der Tonleiter gebildet.

Hier einige Variationen der G-Dur Tonleiter:

73

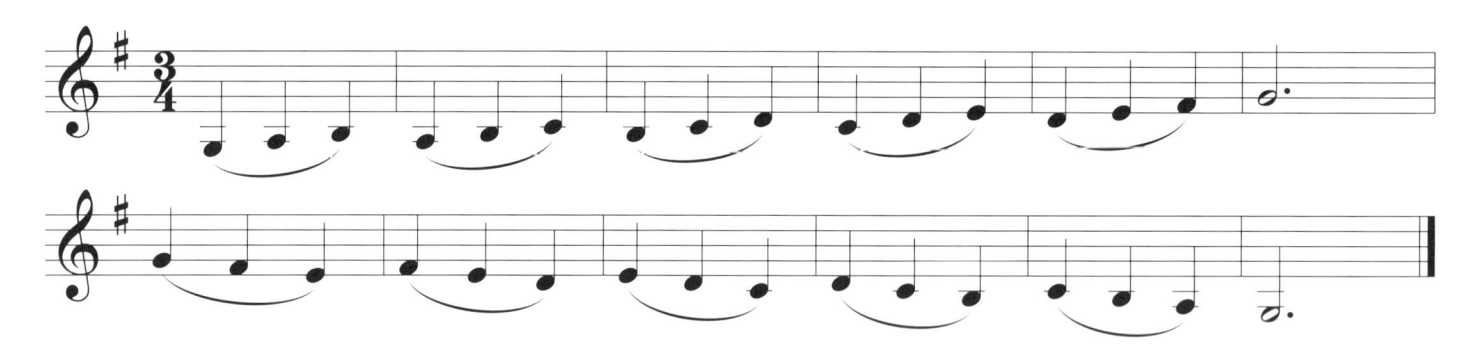

74

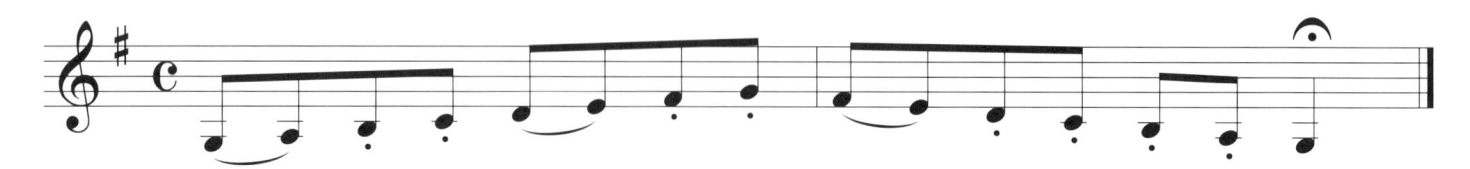

75

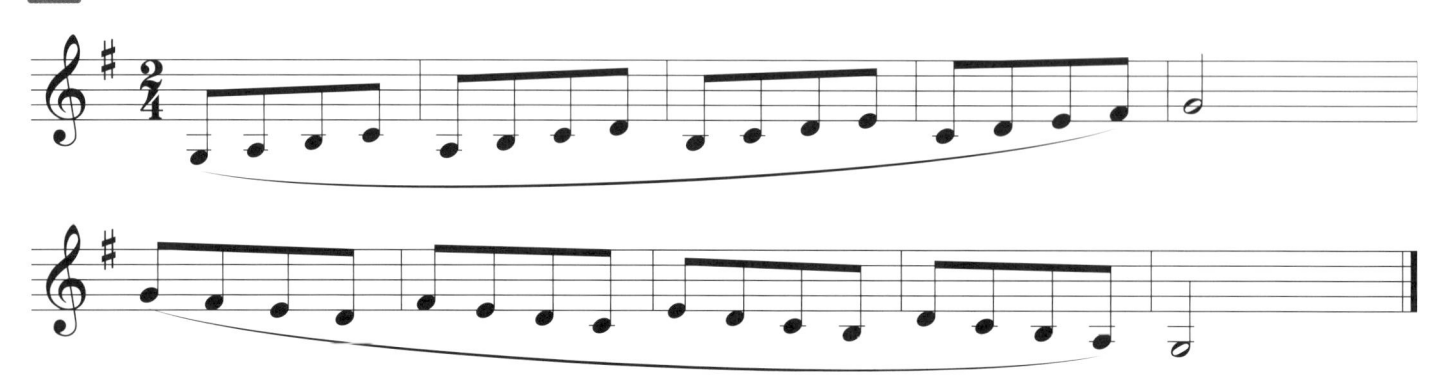

Kapitel 5 · G-Dur: Die Tonleiter und der Dreiklang auf dem G

76 Improvisation auf der G-Dur Tonleiter

Track 31

Bei diesem Stück in den Audio-Tracks hast du verschiedene Möglichkeiten. Hier einige Vorschläge:

➔ Spiele **die Tonleiter** mit der Musik, in Vierteln oder in Halben (auch auswendig).

➔ **Frage-/Antwortspiel** mit deinem Lehrer/deiner Lehrerin oder den MitschülerInnen **auf den Tönen der G-Dur Tonleiter**. Versuche dabei im Takt mit der Musik zu spielen. Zum Beispiel:

➔ Improvisiere **frei zur Musik auf den Tönen der G-Dur Tonleiter**.

Du kannst z. B.
- eine fröhliche Stimmung ausdrücken
- alles legato spielen
- alles staccato spielen
- einfach spielen was dir in den Sinn kommt

77 Morning has broken

Gälisches Volkslied

78 Can Can

J. Offenbach
Aus der Operette „Orpheus in der Unterwelt"

Kapitel 5 · G-Dur: Die Tonleiter und der Dreiklang auf dem G

79 Toby's Pachelbel

Track 32/33

Spiele zuerst die erste und dann die zweite Stimme. Anschließend kannst du mit den unten stehenden Tönen deine eigene Melodie zur Begleitmusik erfinden.

Nach einem Motiv des Komponisten J. Pachelbel (1653–1706)
bearb.: T. Frey

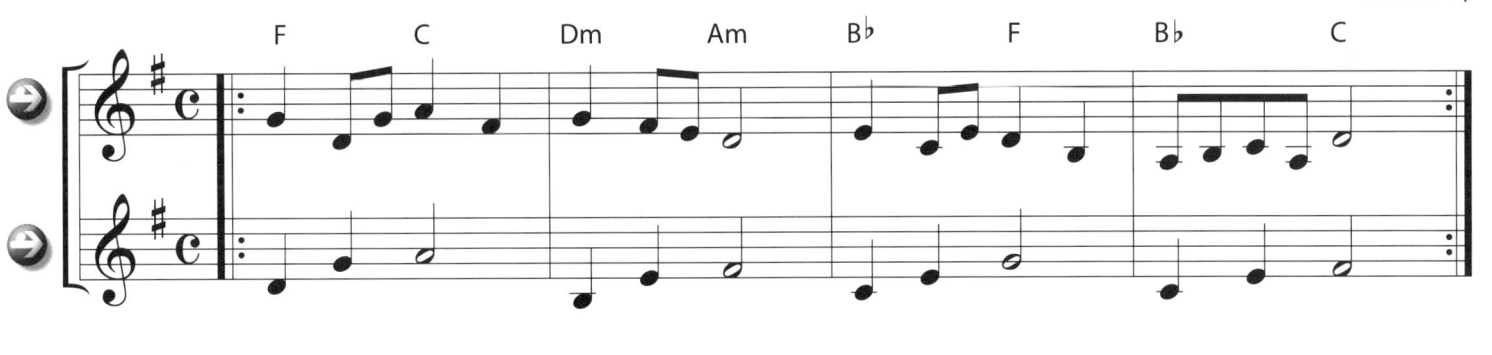

Auch diese Melodien kannst du zur Begleitmusik spielen:

80

Zeichne hier einige Kreuze, wie sie als Vorzeichen am Anfang der Linie stehen.

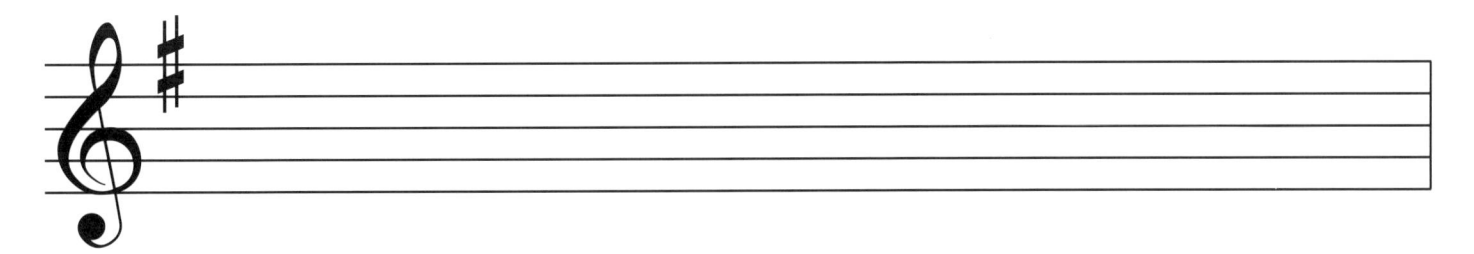

Das tiefe fis

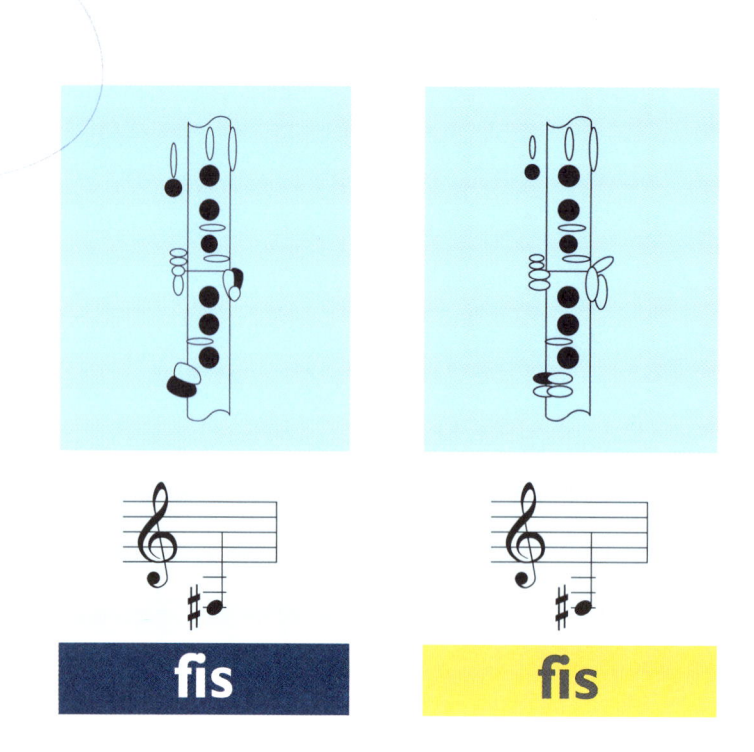

81 Übung

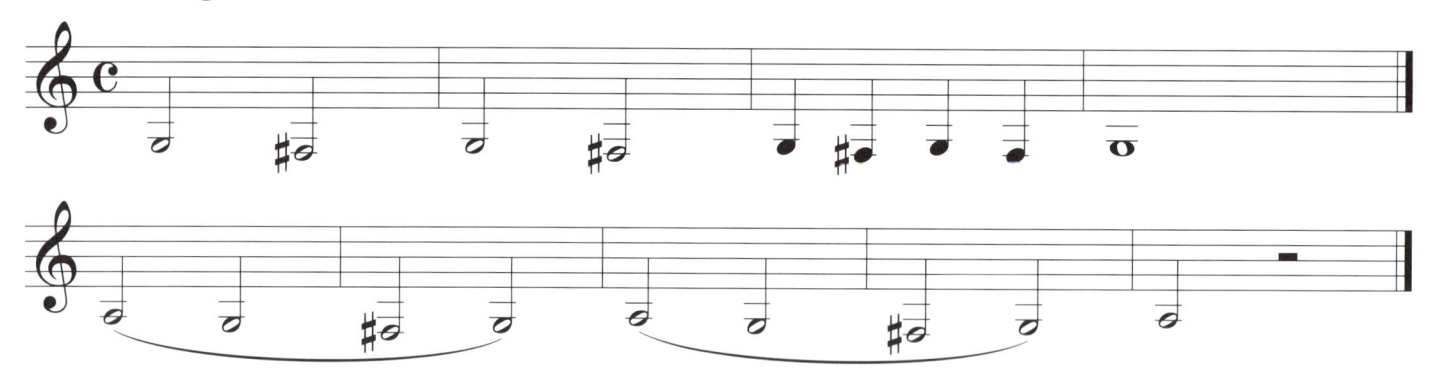

82 Tonübung

Kapitel 5 · Das tiefe fis

83 Fit für's Fis

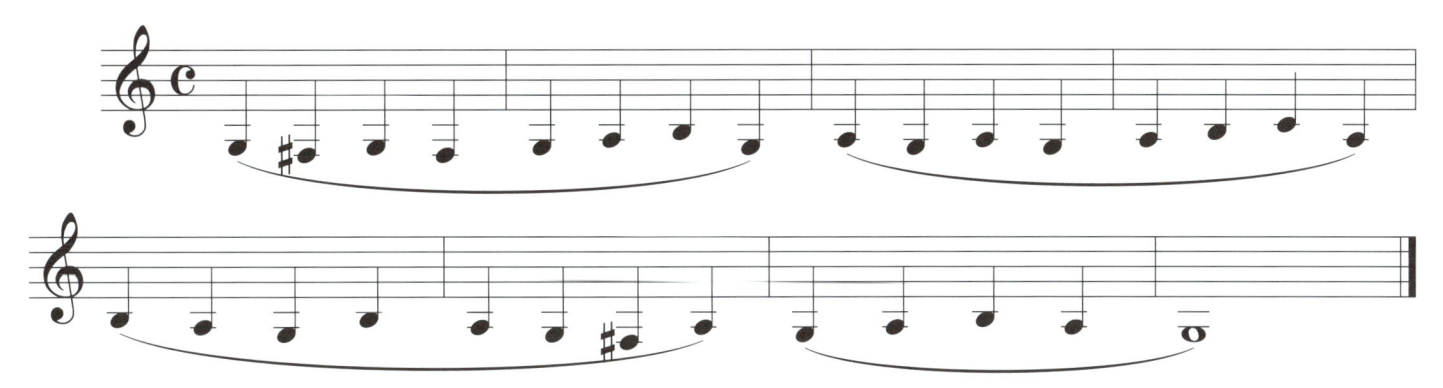

84 Cat's tune

S. Prokofieff
Aus „Peter und der Wolf"

© Mit freundlicher Genehmigung MUSIKVERLAG HANS SIKORSKI, Hamburg

Kapitel 5 · Quiz

Was heißt improvisieren?

_____

Schreibe zu jeder Note den Namen eines Tieres, der mit dem selben Buchstaben beginnt, wie der Name der Note!

_____ _____ _____ _____ _____

Was bewirkt ein Kreuz vor einer Note?

_____

Wie nennt man in der Musik die Abstufung der Lautstärke?

☐ Dynamo

☐ Dynamit

☐ Dynamik

Was bedeuten folgende Lautstärkebezeichnungen?

f _____   *p* _____

mp _____   *mf* _____

< _____   > _____

Kapitel 6
Die punktierte Viertelnote

Zur Erinnerung: **Ein Punkt hinter einer Note verlängert diese um die Hälfte ihres Wertes.** Bei einer Viertelnote kommt durch den Punkt also noch eine Achtelnote hinzu.

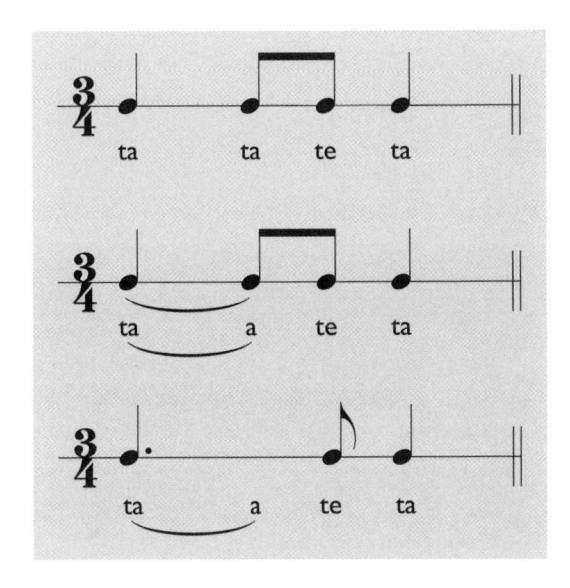

85

Sprich und klopfe die folgenden Rhythmusübungen:

Anhang Nr. **A3**

Kapitel 6 · Die punktierte Viertelnote

86 Froh zu sein, bedarf es wenig

A. Mühling

Froh zu sein be - darf es we - nig und wer froh ist, ist ein Kö - nig.

87 Alle Vögel sind schon da

Volkslied aus Schlesien
Text: A. H. Hoffmann von Fallersleben

Al - le Vö - gel sind schon da, al - le Vö - gel, al - le!

Welch ein Sin - gen, Mu - si - zier'n, Pfei - fen, Zwitsch - ern, Ti - ri - lier'n!

Früh - ling will nun ein - mar - schier'n, kommt mit Sang und Schal - le.

88 Auld Long Syne

Robert Burns

Der Komponist Johannes Brahms (1833–1897)

Beruf:
Komponist

Kindheit:
Geboren in Hamburg. Lernte früh Klavier spielen und begleitete den Vater, wenn dieser in Kneipen mit dem Kontrabass aufspielte. Mit 10 Jahren erster Auftritt als Pianist.

Kompositionen:
Werke für Orchester, Kammermusik (darunter viele Stücke für Klarinette), Klavierwerke und Lieder.

Wusstest du,
dass das berühmte Schlaflied „Guten Abend, gute Nacht" von Johannes Brahms stammt?

„Das Sandmännchen" ist ein anderes Abendlied von ihm.

89 Das Sandmännchen

Melodie: nach „Zu Bethlehem geboren" · Satz: J. Brahms
Text: A. W. von Zuccalmaglio

Die Blümelein, sie schlafen schon längst im Mondenschein.
Sie nicken mit den Köpfchen auf ihren Stengelein.
Es rüttelt sich der Blütenbaum, er säuselt wie im Traum:
Schlafe, schlafe, schlafe du, mein Kindelein!
Es — lein!

90 Fingerübung

Das Be und der Ton b

Das Vorzeichen Be vor einer Note erniedrigt diese um einen halben Ton.

An den erniedrigten Ton hängen wir die Silbe -es (Ausnahme: h wird zu b, a wird zu as).

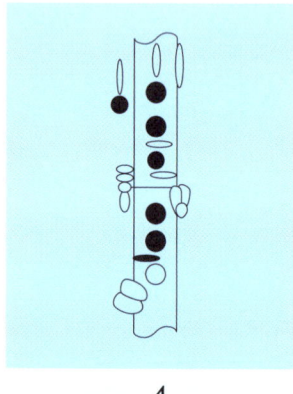

b

Bei diesem Griff drückt der vierte Finger (Ringfinger) die Klappe. Man schreibt eine 4 über den Ton.

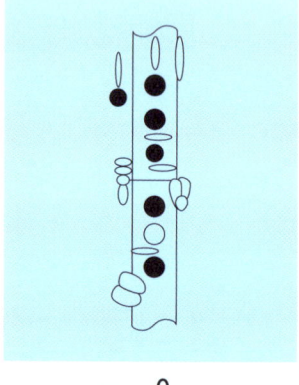

b

Dies ist der Gabelgriff. Er wird mit einer 0 bezeichnet, die man über den Ton schreibt.

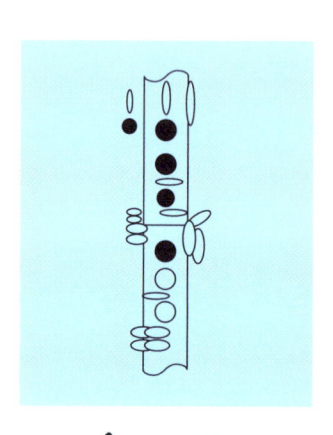

b

91 Echo

Ch. Baechi

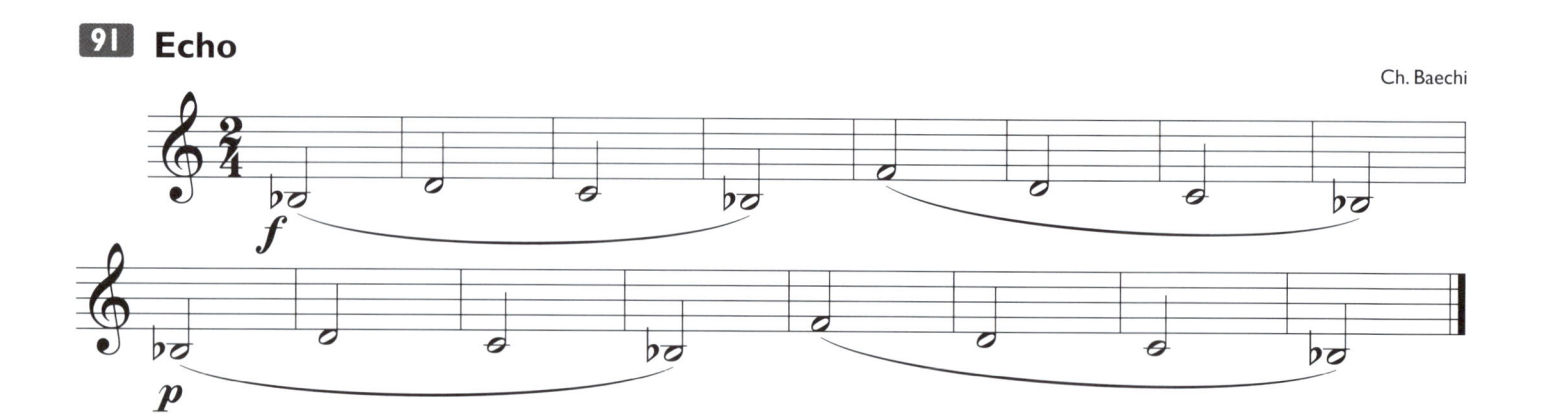

Das Auflösungszeichen

♮ Das Auflösungszeichen **löst ein Vorzeichen auf.**

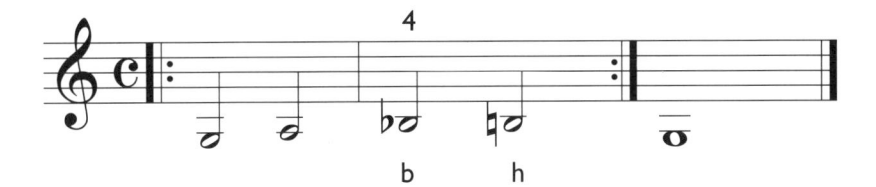

92

Tipp für die deutsche Klarinette
Bei den folgenden Kombinationen musst du auf der deutschen Klarinette den **Gabelgriff** verwenden. Du solltest nie mit dem Ringfinger von der Klappe zum unteren Tonloch (oder umgekehrt) rutschen müssen:

93

Tipp für die Böhm-Klarinette
In der folgenden Übung kannst du auch den **Hilfsgriff für das h** verwenden. Schlage diesen auf Seite 49 nach. (Warum solltest du diesen Griff bei der oben auf dieser Seite stehenden Übung nicht anwenden?).

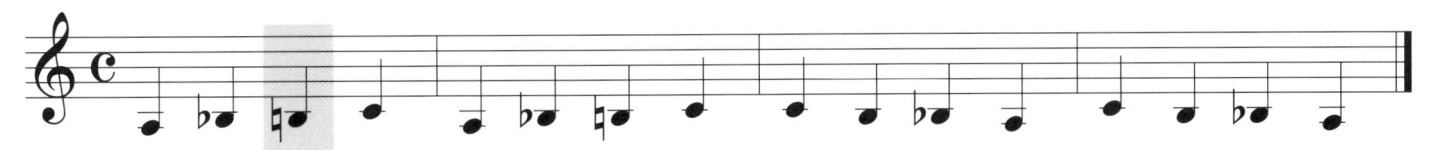

94 Merrily

Wie das Kreuz kann auch das Be **als Vorzeichen am Anfang der Notenlinie** stehen:

95 Zeichne hier einige Be, wie sie als Vorzeichen am Anfang der Linie stehen!

96 Dölfis Rausch

Erster Teil eines Walzers von Kasi Geisser

Das Strichlein neben dem Ton

Sicher hast du dich schon gewundert, warum neben manchen Tönen ein Strichlein stand (z. B. c') und neben anderen keines. Wie du vielleicht weißt, gibt es nur sieben Haupttöne, die sich immer wiederholen: **c, d, e, f, g, a, h.** Die Strichlein (oder manchmal auch Zahlen) geben an, welcher Ton genau gemeint ist (z.B. tiefes a oder hohes a). Die Reihenfolge beginnt immer beim c:

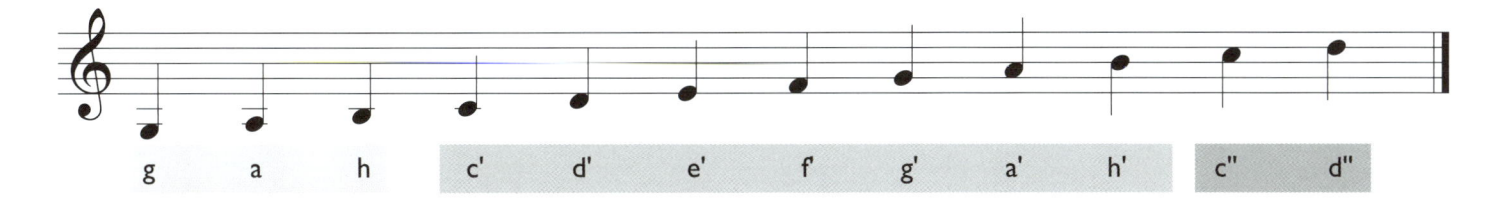

g a h c' d' e' f' g' a' h' c'' d''

Der Ton b'

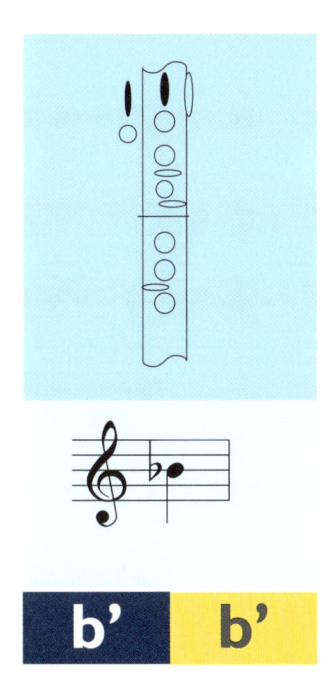

b' b'

97 Übungen

Bei der Note b' und bei allen Tönen die höher sind, wird der Notenhals **auf der linken Seite der Note** und nach unten gezeichnet.

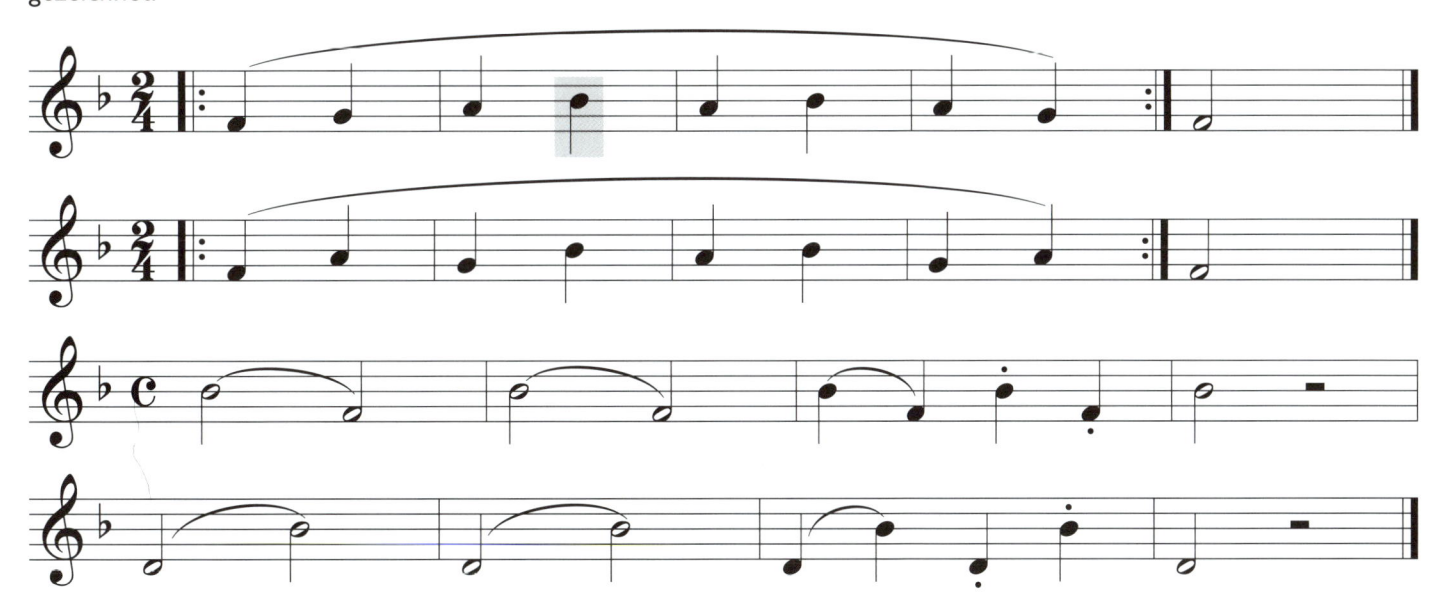

98 Yankee Doodle

Volkslied aus Amerika

99 When Israel was in Egypt's Land

Spiritual

100 Hey, Pipi Langstrumpf

Track 34/35

Musik: J. Johannsson / K. Elfers · Text: W. Franke
bearb.: Ch. Baechi

Zwei mal drei macht vier, wi-de-wi-de-witt und drei macht neu-ne!

Ich mach mir die Welt, wi-de-wi-de wie sie mir ge-fällt.

Kapitel 6 · Der Ton b'

Hey, Pi-pi Lang-strumpf, tra-la-li, tra-la-he, tra-la hop-sa-sa,
hey, Pi-pi Lang-strumpf, die macht was ihr ge-fällt.
Drei mal drei macht sechs, wi-de-wi-de wer will's von mir ler-nen?
Al-le, groß und klein, tra-la-la-la lad' ich zu mir ein.

© Filmkunst-Musikverlag, München

Der Komponist Franz Schubert (1797–1828)

Kindheit:
Geboren in Wien. Mit 11 Jahren wurde er kaiserlicher Sängerknabe in der Hofkapelle, da sein musikalisches Talent so groß war. Zudem erhielt er eine kostenlose Gymnasialausbildung.
Bereits für das Schülerorchester schrieb er Kompositionen.

Kompositionen:
Wie Brahms komponierte auch Schubert Werke für Orchester, Kammermusik, Werke für Klarinette und Klavierwerke. Berühmt wurde er vor allem mit seinen Klavierliedern. „Die Forelle" ist eines davon.

Hauptinstrument:
Klavier.

101 Die Forelle

Franz Schubert

In einem Bächlein helle, da schoss in froher Eil', die launische Forelle vorüber wie ein Pfeil. Ich stand an dem Gestade und sah in süßer Ruh' des muntern Fischleins Bade im klaren Bächlein zu, des muntern Fischleins Bade im klaren Bächlein zu.

Das tiefe f

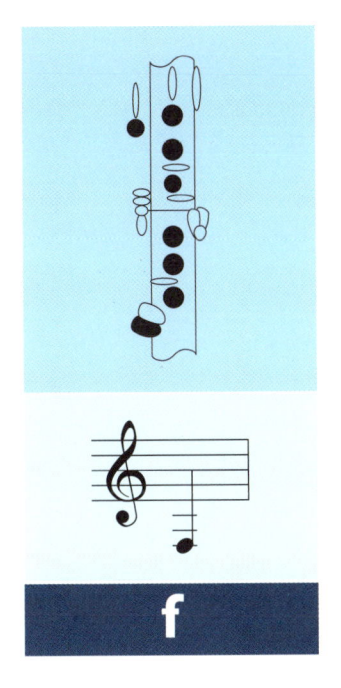

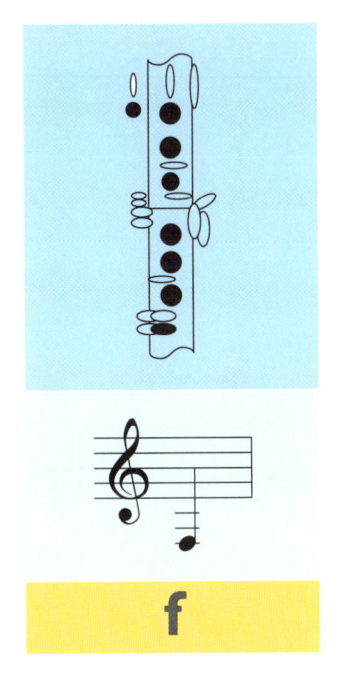

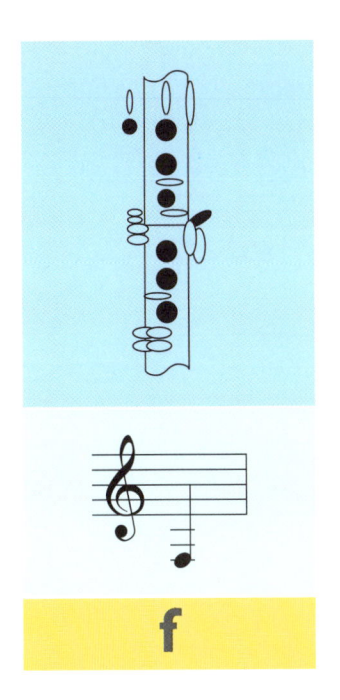

Dieser Griff wird normalerweise verwendet.

Dieser Griff ist ein Hilfsgriff bei bestimmten Tonfolgen. Er eignet sich aber auch, falls dir das Erreichen der untersten Klappe noch Mühe bereitet.

102 **Übung**

F-Dur: Die Tonleiter und der Dreiklang auf dem f

103

Die F-Dur Tonleiter

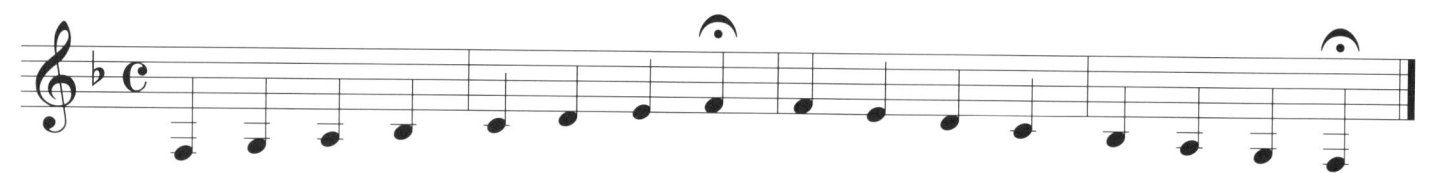

Der F-Dur Dreiklang

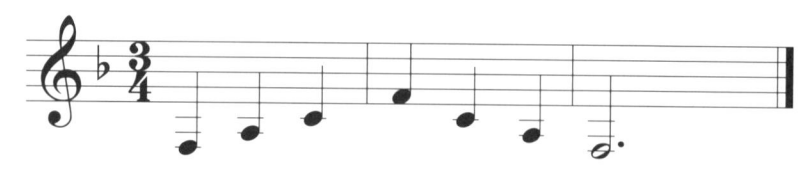

Und hier wieder einige Variationen der Tonleiter und des Dreiklangs:

104

105

106

107 Improvisation auf der F-Dur Tonleiter

Track 36

Zur Begleitmusik kannst du deine eigenen Variationen der Tonleiter herausfinden.

Kapitel 6 · F-Dur: Die Tonleiter und der Dreiklang auf dem f

108 Come, follow, follow

Kanon
Altes englisches Lied nach John Hilton (17.Jh.)

109 Countrykanon

P. Rizzi

110 Bella Bimba

Track 37/38

Volkslied aus Italien

Der Ton cis'

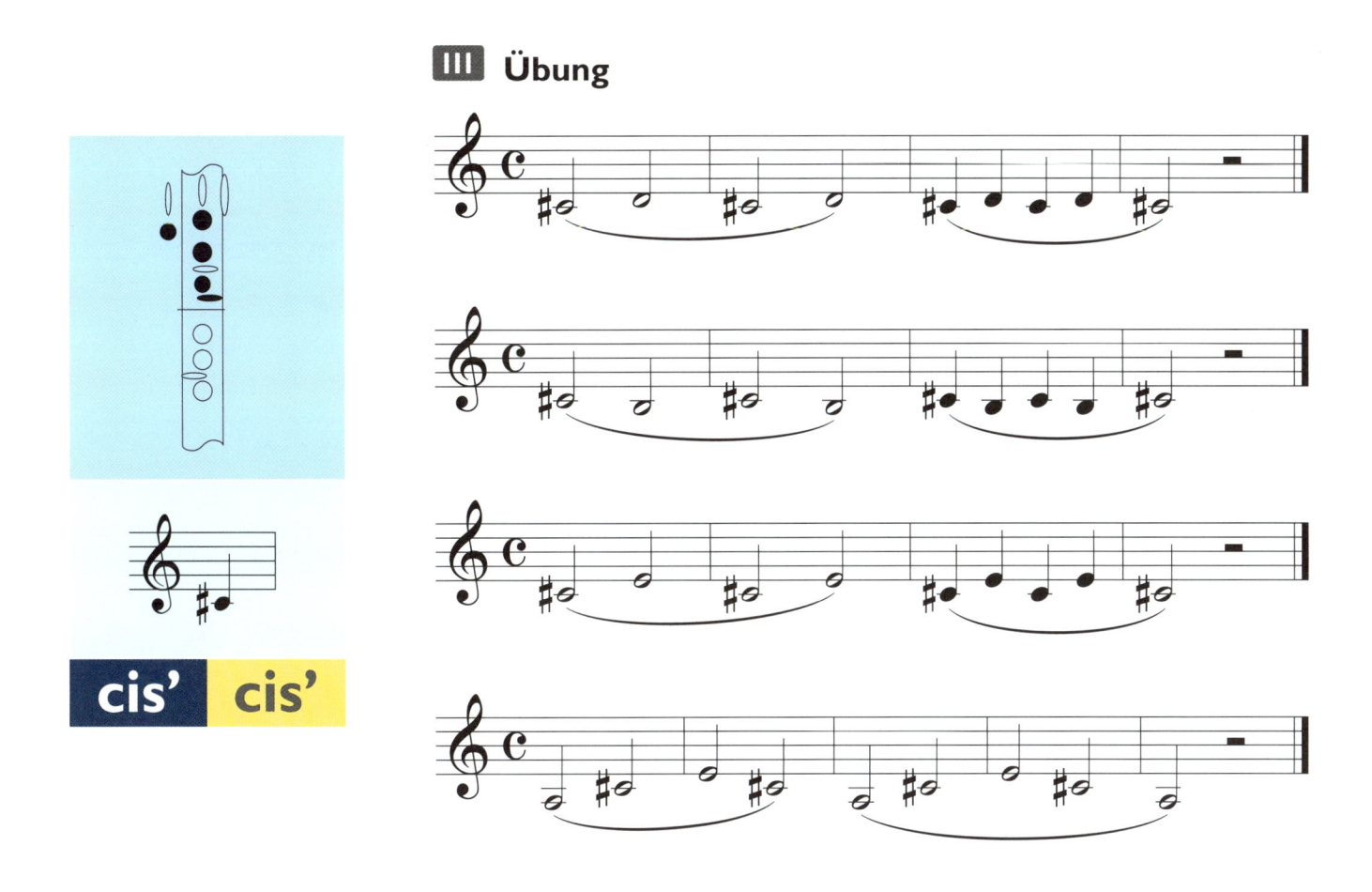

111 Übung

112 Prinz Ruprecht
Trad.

Kapitel 6 · Der Ton cis'

113 Shalom Aleichem

Volkslied aus Israel

114 Die Bluestonleiter auf dem g

Track 39/40

Achtel werden im Blues anders gespielt:

Höre dir die obenstehende Tonleiter zuerst in den Audioaufnahmen an. Wie du vielleicht bemerkt hast, werden die Achtel nicht „normal" gespielt, sondern **die erste Achtel ist länger als die zweite**. Dies ergibt den wiegenden Rhythmus des Blues. Nicht nur der Blues, auch andere Jazzstücke werden auf diese Art gespielt.

Genau geschrieben sieht der Rhythmus so aus:

ta - a te

Die 3 oben an den Achtelnoten bedeutet, dass drei Achtel auf einen Schlag gespielt werden. Dies nennt man eine (Achtel-) Triole. In unserem Blues bedeutet dies, dass jeweils eine lange und eine kurze Achtel auf einen Schlag gespielt werden. Wenn die Achtelnoten so gespielt werden, steht am Anfang des Stücks oft:

Kapitel 6 · Der Ton cis'   87

115 Improvisation auf der G-Bluestonleiter

Track 41/42

Die folgende Improvisation kannst du als **Frage-/Antwortspiel** spielen. Du hast dabei verschiedene Möglichkeiten:

CD Nr. 41
Spiele die Antwort zuerst als **Echo**. Beim zweiten Durchgang kannst du selbst eine **Antwort** auf den Tönen der Bluestonleiter erfinden (dort wo die leeren Takte stehen).
• Antworte zuerst im gleichen Rhythmus wie die Frage, aber mit anderen Tönen.
• Antworte mit einem anderen Rhythmus und anderen Tönen.

CD Nr. 42
• Dein Lehrer/deine Lehrerin oder ein Mitschüler erfinden eine Frage, du gibst die Antwort.
• Du erfindest die Frage und dein Lehrer/deine Lehrerin oder Mitschüler geben die Antwort.
• Du erfindest, was dir in den Sinn kommt, auf den Tönen der G-Bluestonleiter.

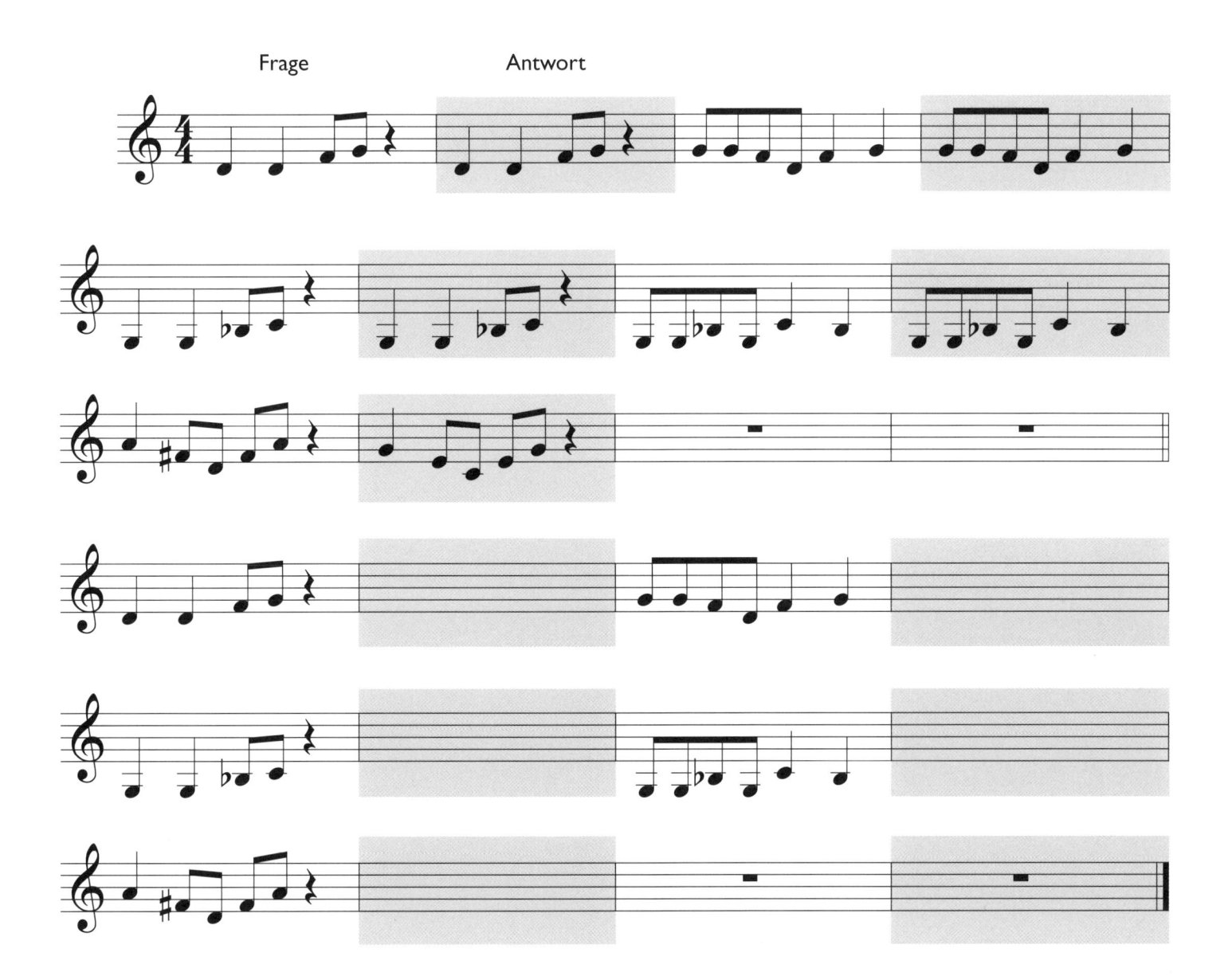

Quiz!

? **Schreibe die Noten!**

| f' | a' | f | h | b' | g | fis' | c' |

? **Mit welchen Kompositionen hatte Franz Schubert besonders Erfolg?**

_____

? **Wo steckt der Fehler?**

Kapitel 7
Die enharmonische Verwechslung
oder warum Halbtöne zwei Namen haben

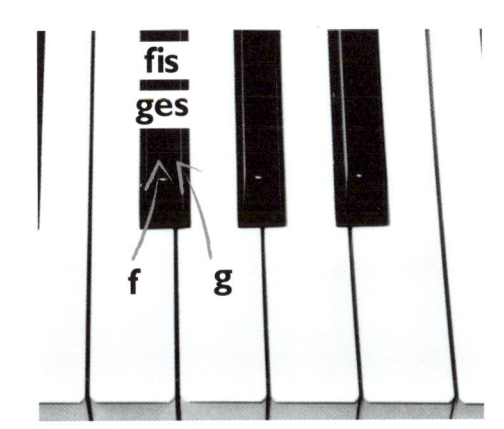

Am besten erkennst du die Halbtöne beim Klavier, es sind die **schwarzen Tasten**.

Ein Halbton hat keinen eigenen Namen. Je nachdem in welcher Tonart gespielt wird, schreibt man ihn anders.
Der Grund dafür liegt darin, dass die Töne früher wirklich verschieden gespielt wurden. Bei manchen Klavieren waren es sogar zwei verschiedene Tasten. Heute verwenden wir, z. B. auf der Klarinette, für fis und ges den gleichen Griff**.**

Die verschiedene Benennung der Halbtöne heißt **enharmonische Verwechslung**.

Der Ton dis'/es'

Verschiedene Griffe

Für diesen Ton gibt es verschiedene Griffe. Zusammen mit deiner Lehrerin / deinem Lehrer kannst du oben in die Felder schreiben, wie ihr die Griffe benennen wollt.

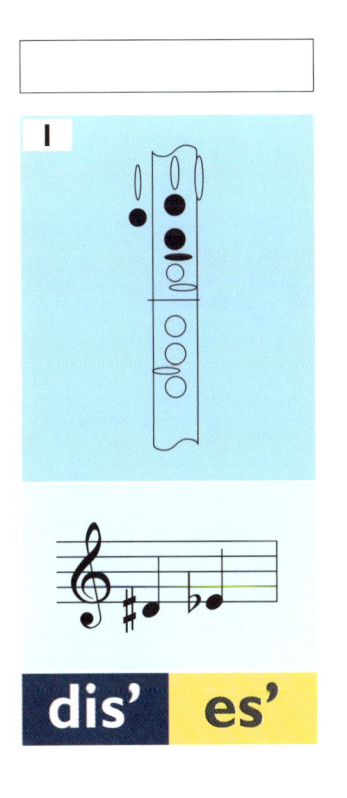

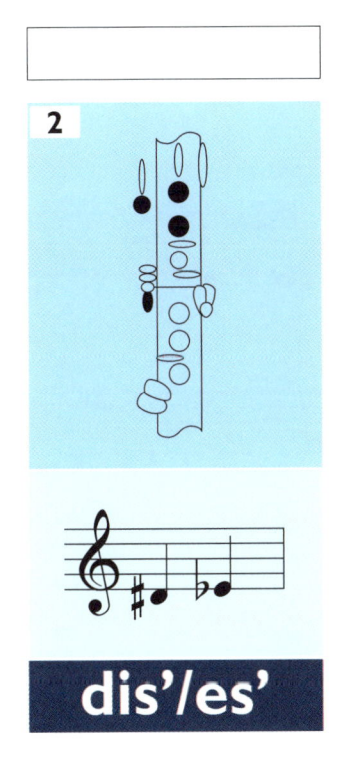

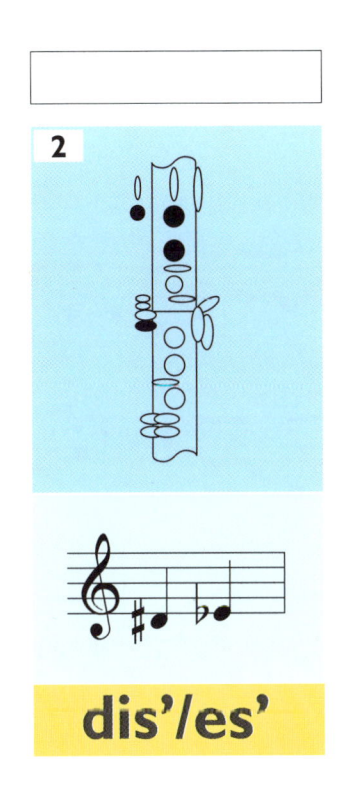

1	2	2
dis' | es'	dis'/es'	dis'/es'

Kapitel 7 · Der Ton dis' / es'

116 Übungen für die beiden Griffe

Griff Nr. 1

Griff Nr. 2

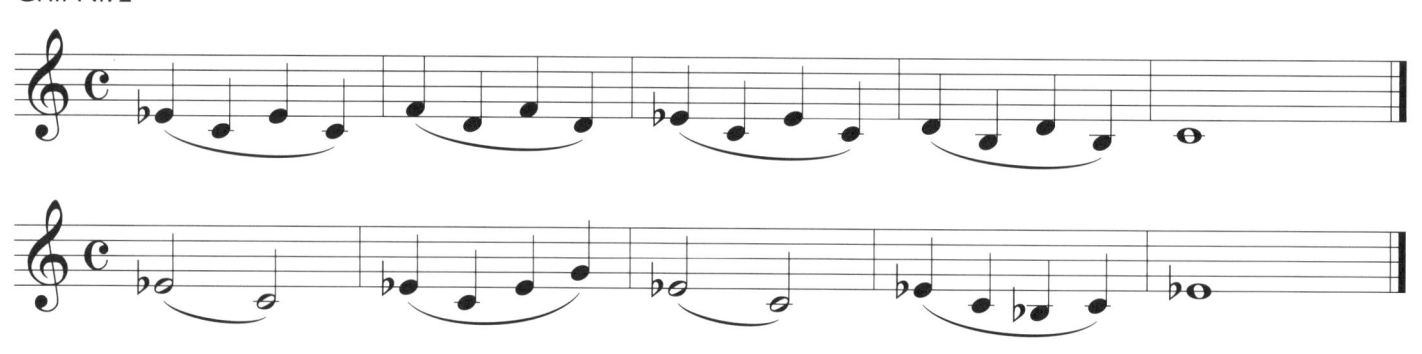

117 Dis-Blues

Finde heraus, wie du in diesem Stück das dis' am besten greifst. Du solltest nie mit einem Finger auf ein Tonloch oder eine Klappe rutschen müssen.

Ch. Baechi

B-Dur: Die Tonleiter und der Dreiklang auf dem b

118

Die B-Dur Tonleiter

Wie bei den anderen Tonleitern können die Vorzeichen der B-Dur Tonleiter auch an den Anfang der Linie geschrieben werden:

Der B-Dur Dreiklang

Trage selbst die fehlenden Vorzeichen ein.

119 Tonleiter-Variationen

120 Improvisation auf der B-Dur Tonleiter

Track 43

Zur Begleitmusik des Audio-Tracks kannst du die Tonleiter spielen oder improvisieren, wie du es schon bei den anderen Tonleitern getan hast.

121 Alli Büseli sind no blind

Kanon
O. Müller-Blum

Al-li Bü-se-li sind no blind, wenn si früsch uf____ d' Wält-cho sind,

a-ber wenn si grös-ser sind, sind die Bü-se-li nüm-me blind.

Aus: Otto Müller-Blum „Wenn eine tannigi Hose het"
© 1955 by Musikverlag zum Pelikan. Hug & Co., Hug Musikverlage, Zürich

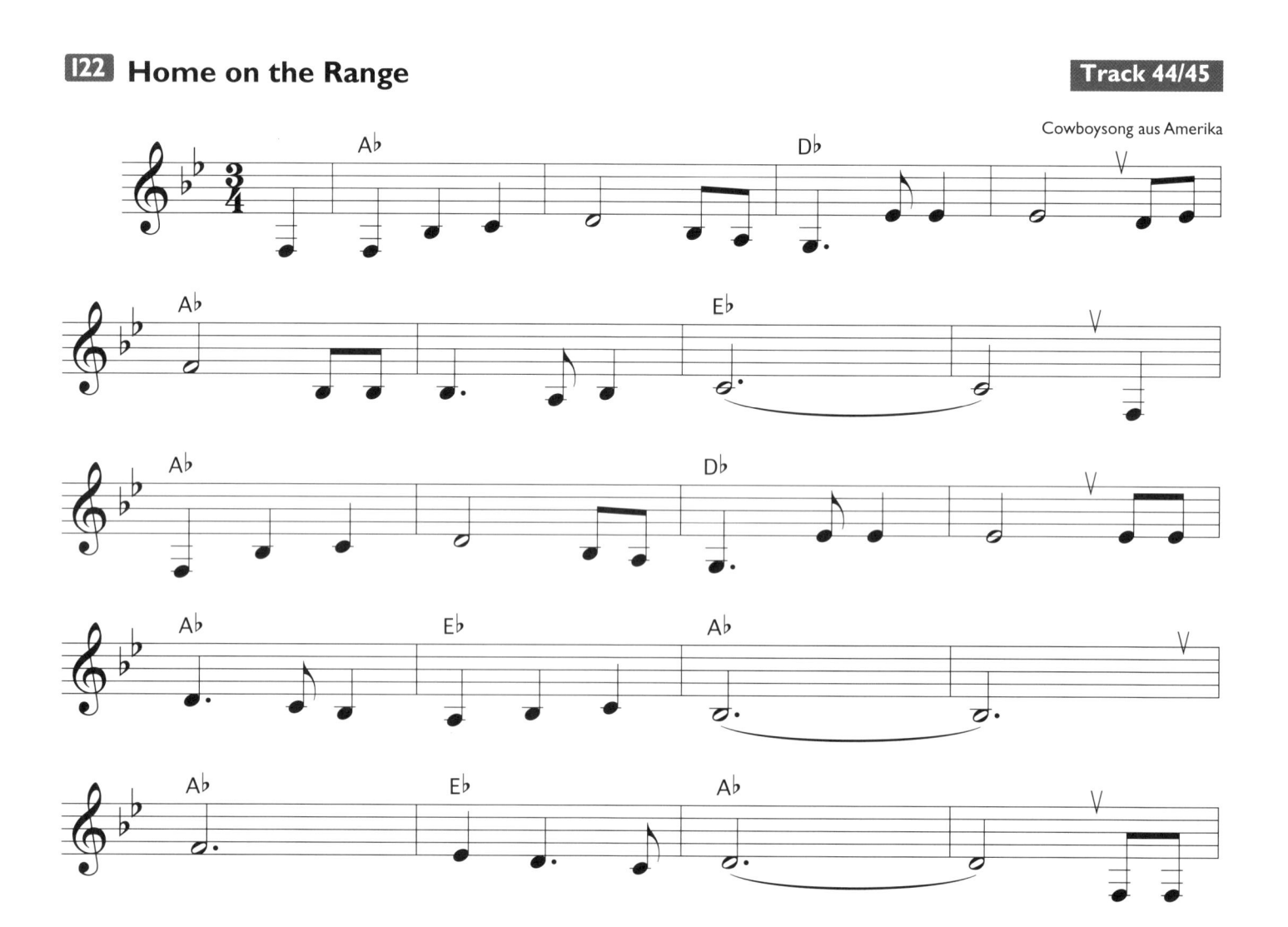

122 Home on the Range

Track 44/45

Cowboysong aus Amerika

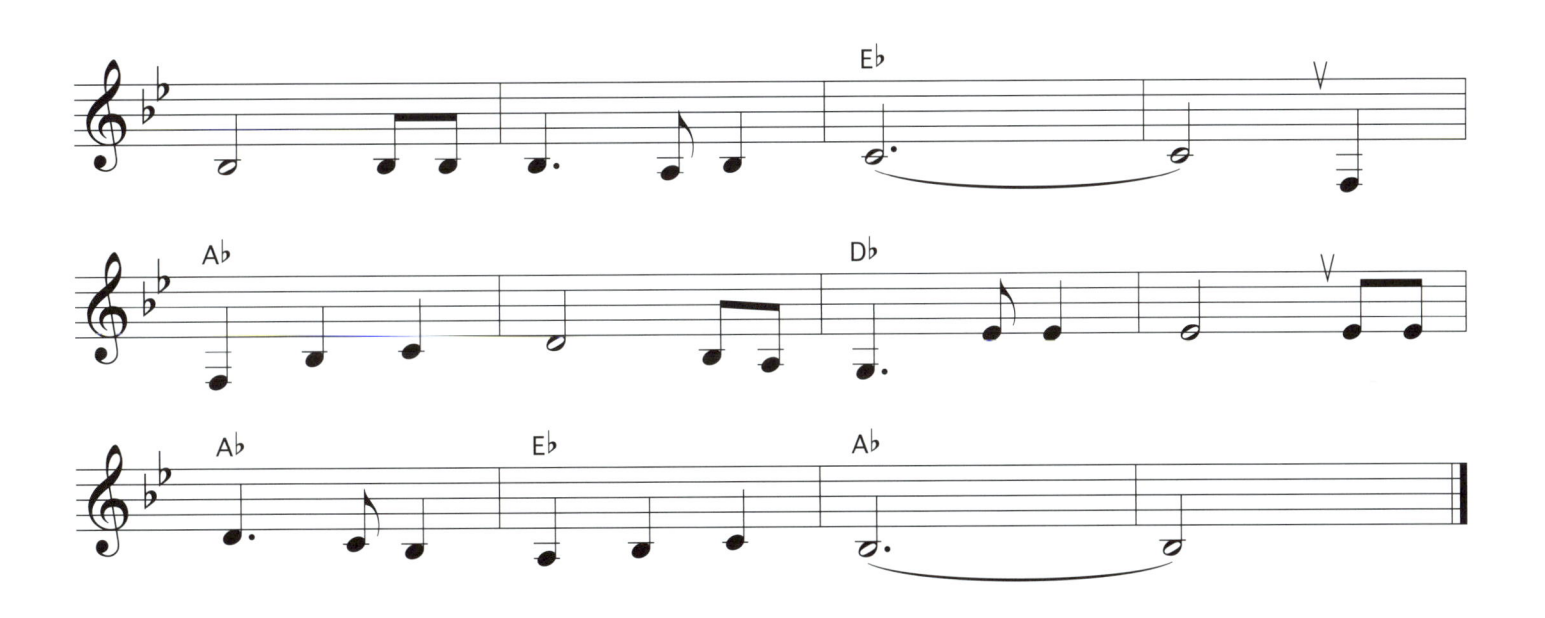

Der Ton gis'/as'

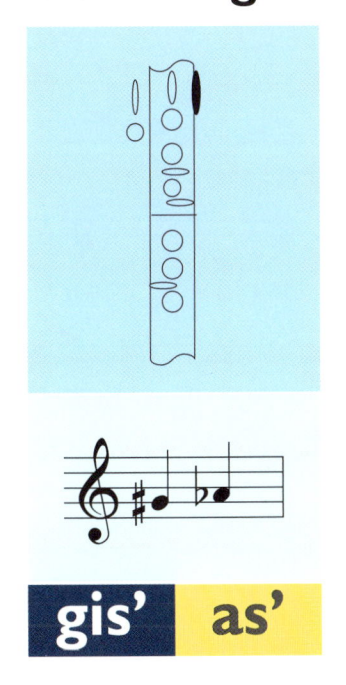

Spiele ein a' und kippe dann den unteren Teil des Zeigefingers auf die Klappe links davon.

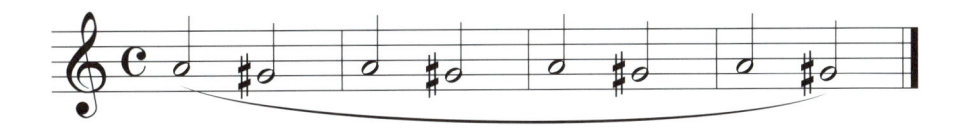

gis' **as'**

123 Übungen

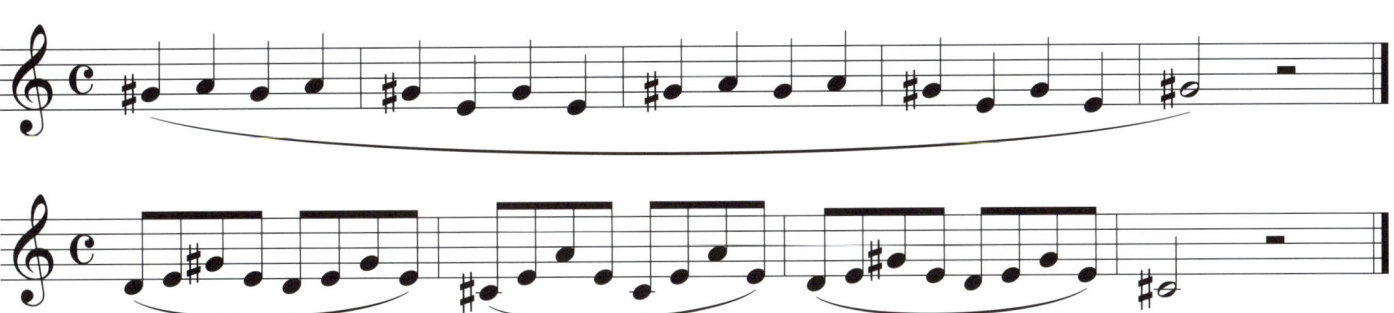

124 Morgen Blues

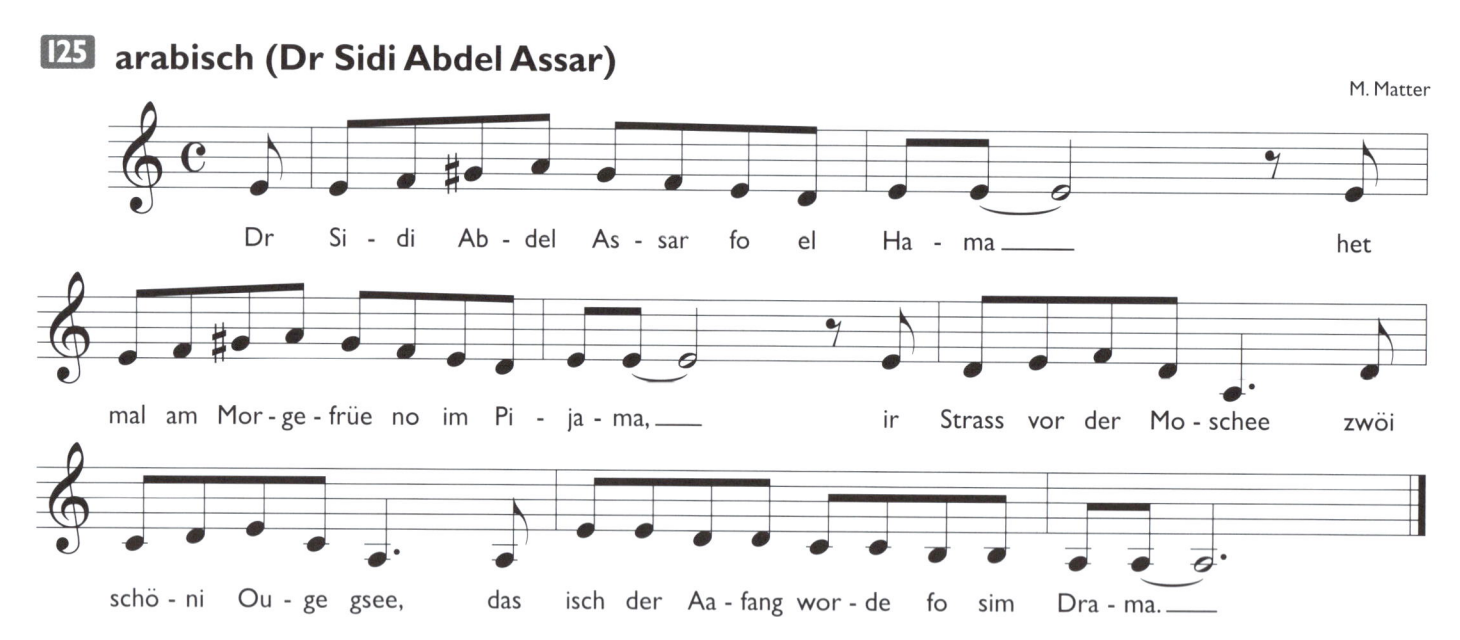

P. Rizzi

125 arabisch (Dr Sidi Abdel Assar)

M. Matter

Dr Si - di Ab - del As - sar fo el Ha - ma het mal am Mor - ge - früe no im Pi - ja - ma, ir Strass vor der Mo - schee zwöi schö - ni Ou - ge gsee, das isch der Aa - fang wor - de fo sim Dra - ma.

Aus: Mani Matter, Warum syt dir so truurig
© 2011 Zytglogge Verlag Oberhofen a. Thunersee

Das tiefe gis/as

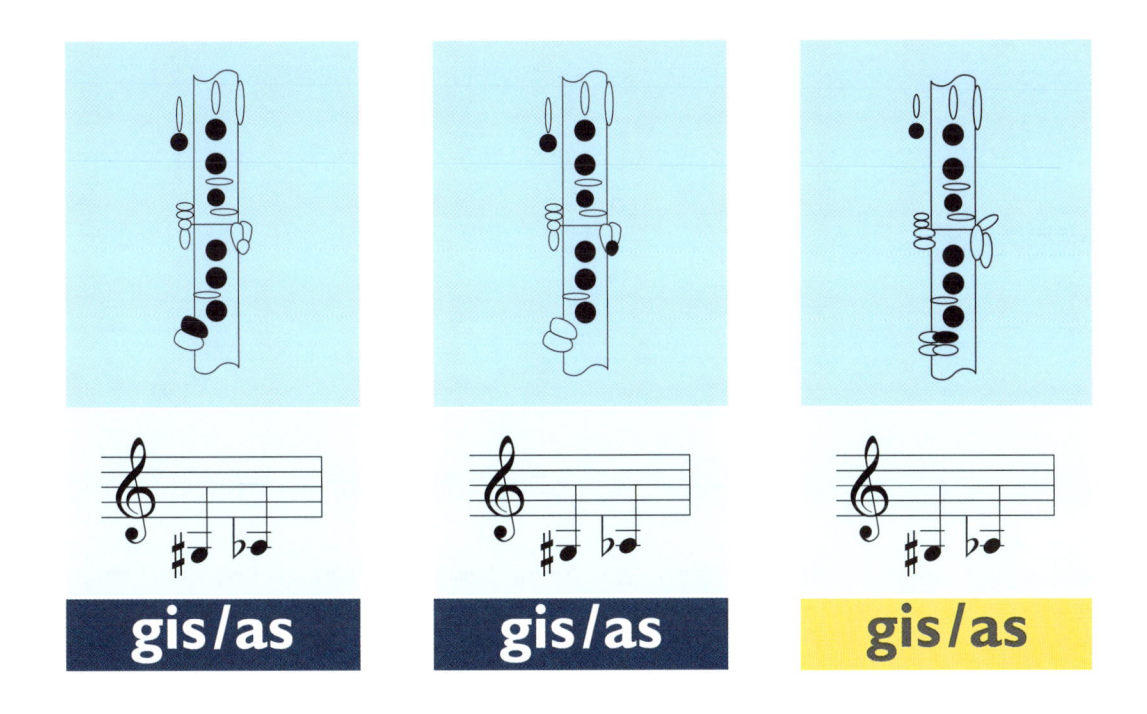

126 **Übungen**

127 Guggisberger Lied

*Schweizer Volkslied
aus dem Kanton Bern*

128 Signor Abbate

*Kanon
L. v. Beethoven*

Sig-nor Ab-ba-te, io so-no, io so-no, io so-no am-ma-la-to. San-to Pa-dre vie-ni e da-te mi la be-ne-di-zi-o-ne, la be-ne-di-zi-o-ne. Hol' Sie der Teu-fel, wenn Sie nicht kom-men, hol' Sie der Teu-fel, wenn Sie nicht kom-men, hol' Sie der Teu-fel.

Das tiefe e

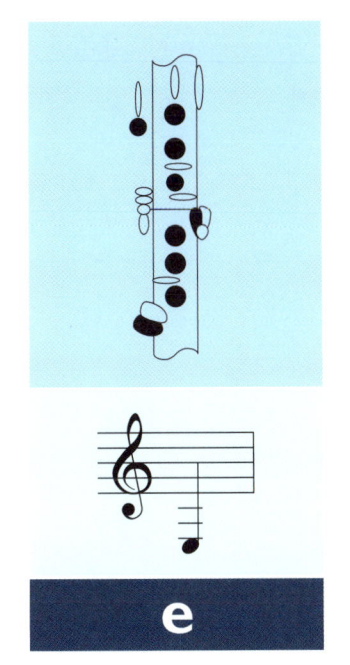

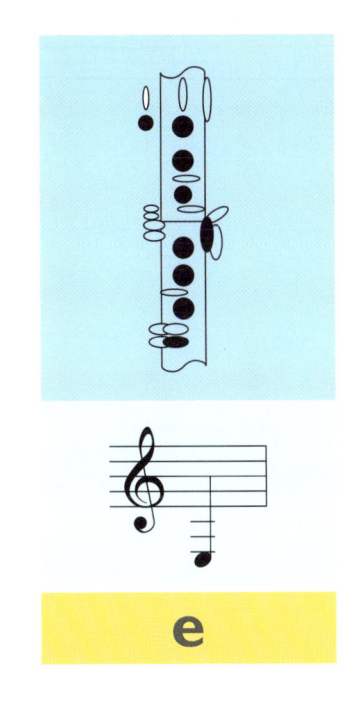

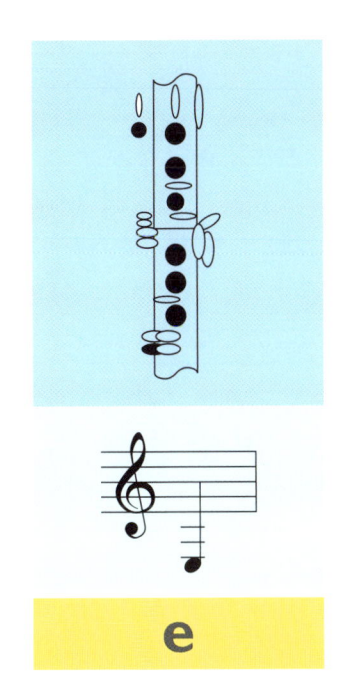

Dies ist ein anderer Griff für das tiefe e, den du am besten verwendest, wenn du zuvor das tiefe f auf der linken Seite gegriffen hast.

129 Duett

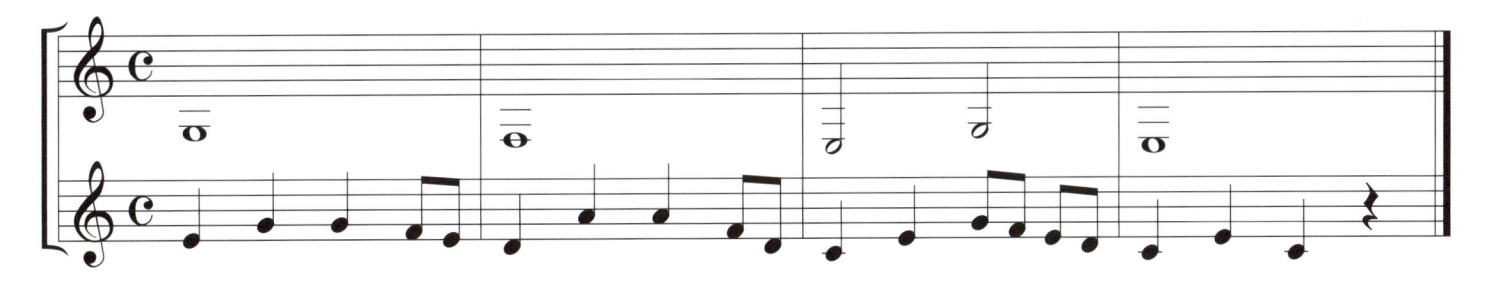

130 Laut und leise

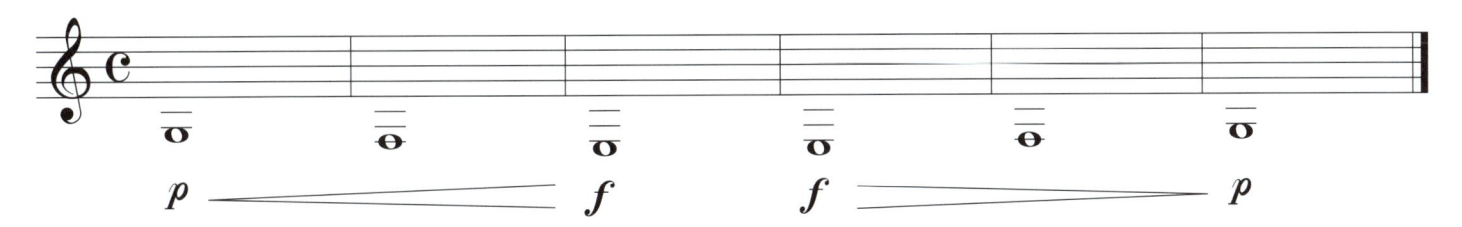

131 Übung

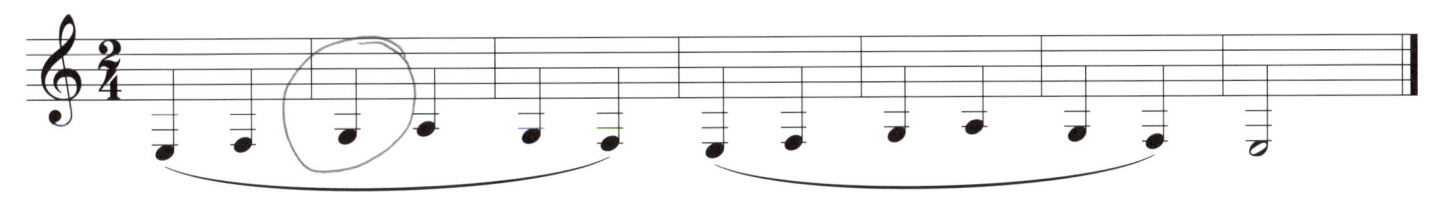

Kapitel 7 · Das tiefe e

132 God save the Queen

Nationalhymne von England

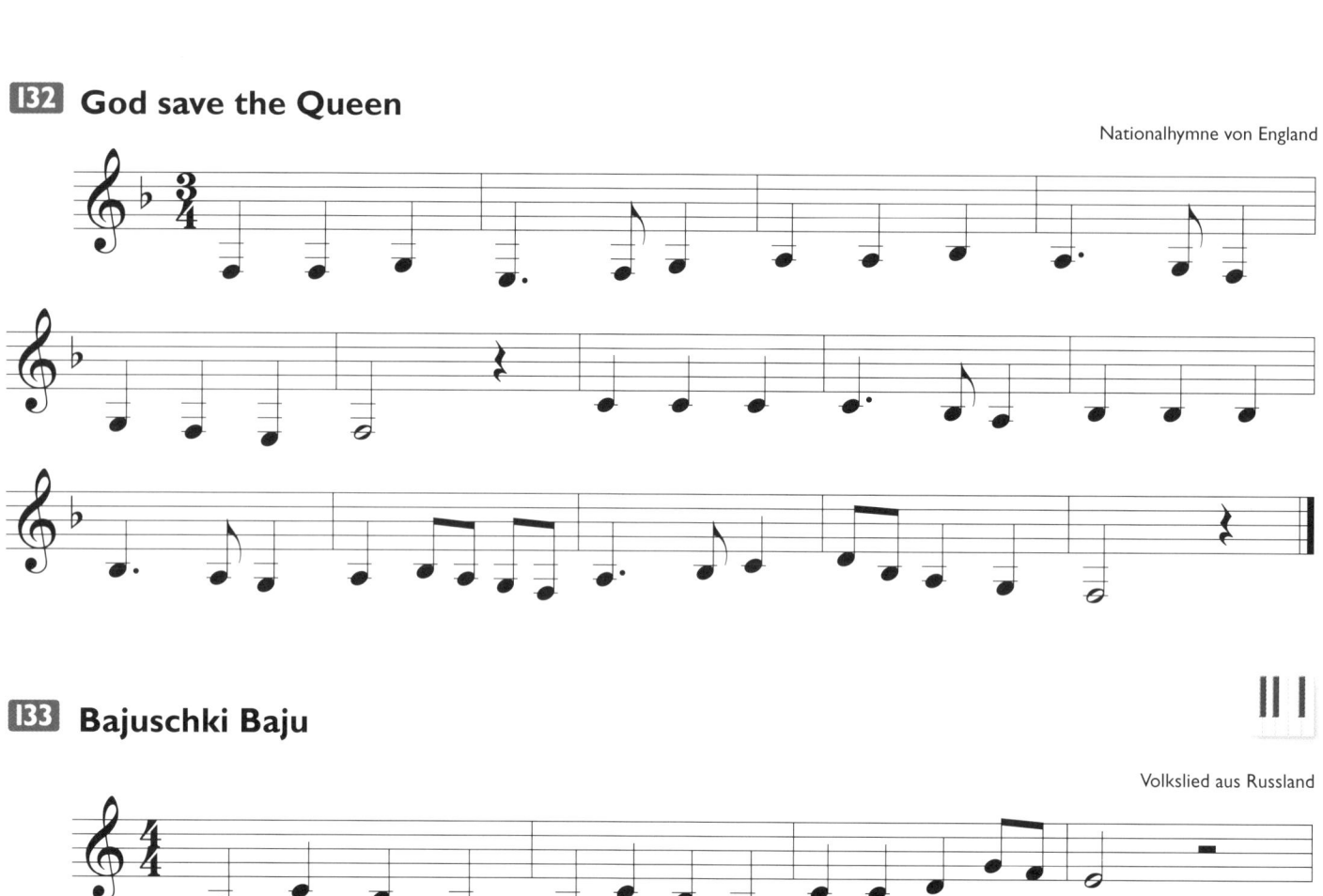

133 Bajuschki Baju

Volkslied aus Russland

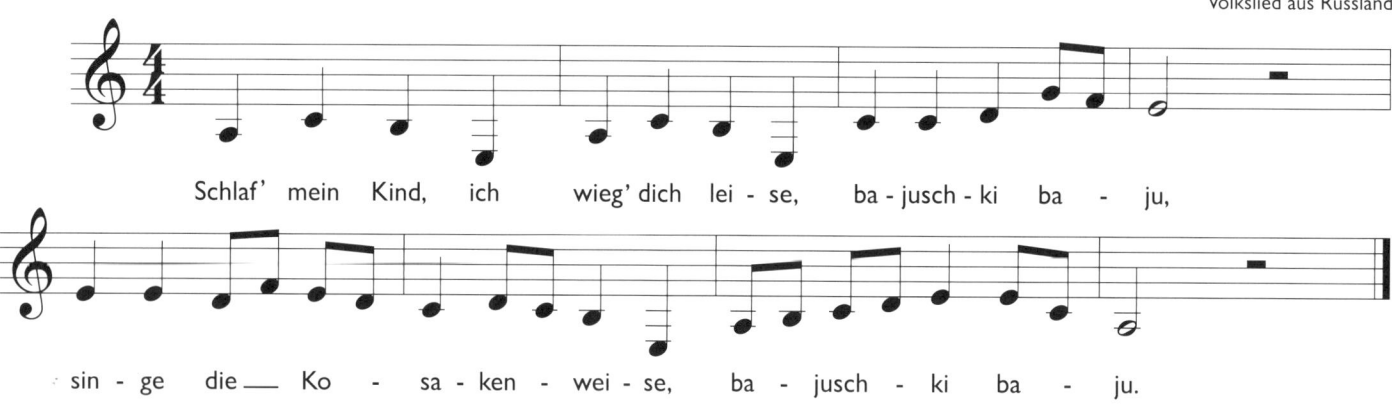

Schlaf' mein Kind, ich wieg' dich lei - se, ba - jusch - ki ba - ju,
sin - ge die Ko - sa - ken - wei - se, ba - jusch - ki ba - ju.

134 Alles schweiget

Kanon
W. A. Mozart

1. Al - les schwei - get, Nach - ti - gal - len
2. lo - cken mit sü - ßen Me - lo - di - en Trä - nen ins Au - ge, Schwer - mut ins Herz,
3. lo - cken mit sü - ßen Me - lo - di - en Trä - nen ins Au - ge, Schwer - mut ins Herz.

Kapitel 7 · Der Komponist Wolfgang Amadeus Mozart

Der Komponist Wolfgang Amadeus Mozart (1756–1791)

Kindheit:
Mozart wird als Wunderkind bezeichnet. Bei seinem Vater, der auch Musiker war, lernte er schon früh Klavier spielen und fing mit 5 Jahren an die ersten Stücke zu komponieren. Auch die Geige lernte er spielen und schon bald ging Vater Leopold mit Wolfgang Amadeus und seiner Schwester Nannerl (die ebenfalls Klavier spielte) auf Reisen.
An verschiedenen Fürstenhöfen spielten die Kinder vor und die Begabung des kleinen „Wolferl" wurde überall bewundert.

Das Leben Mozarts:
Wolfgang Amadeus Mozart wird nur 35 Jahre alt. In dieser Zeit komponiert er ununterbrochen. Trotzdem lebt er mit seiner Frau Constanze und seiner Tochter in Armut. Es heißt, Mozart hätte viel Geld bei Glücksspielen verloren und auch sonst gerne über seine Verhältnisse gelebt. Seinen Humor und seine Heiterkeit hat er aber nie verloren und sie sind immer wieder in seiner Musik zu spüren.

Kompositionen:
Mozart schrieb Konzerte für fast alle Instrumente. Auch viele Opern stammen aus seiner Feder. Eine der bekanntesten ist „Die Zauberflöte". Für die Klarinette hat er viele Stücke geschrieben, zum Beispiel das unten stehende Menuett.

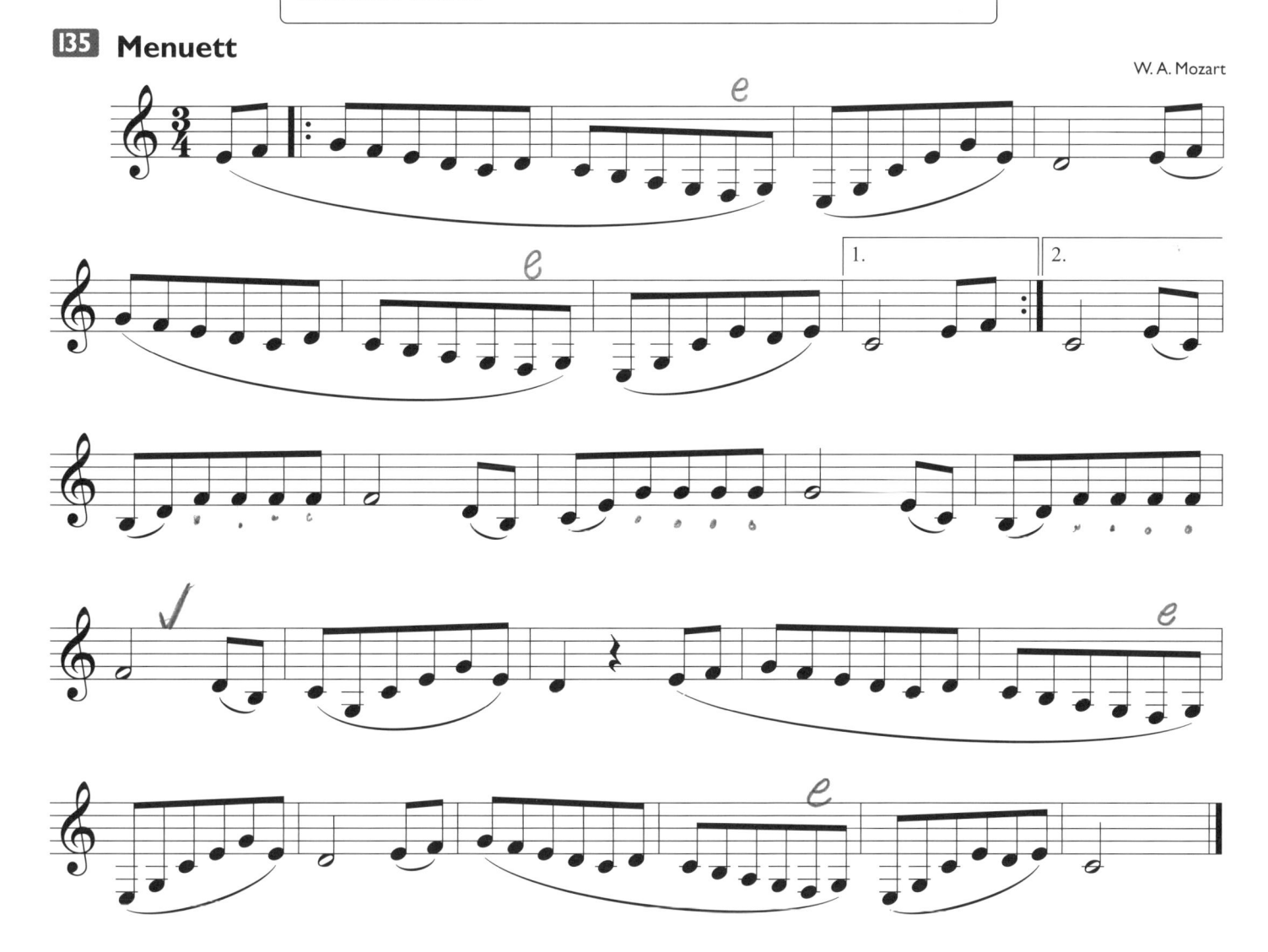

135 Menuett

W. A. Mozart

Kapitel 7 · Quiz

? Wie heißen die Tiere?

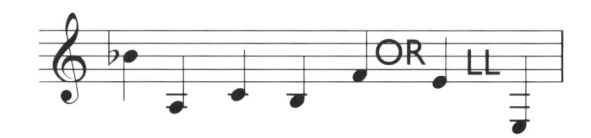

? „Enharmonische Verwechslung" bedeutet:

☐ wenn du statt „fis" ein „f" spielst

☐ die verschiedene Benennung eines Halbtons

☐ einen Druckfehler in den Noten

? 1. Schreibe die richtigen Notennamen in die Kästchen.

2. Welche Noten ergeben den gleichen Ton, bzw. gehören enharmonisch zusammen? Verbinde sie mit einer Linie.

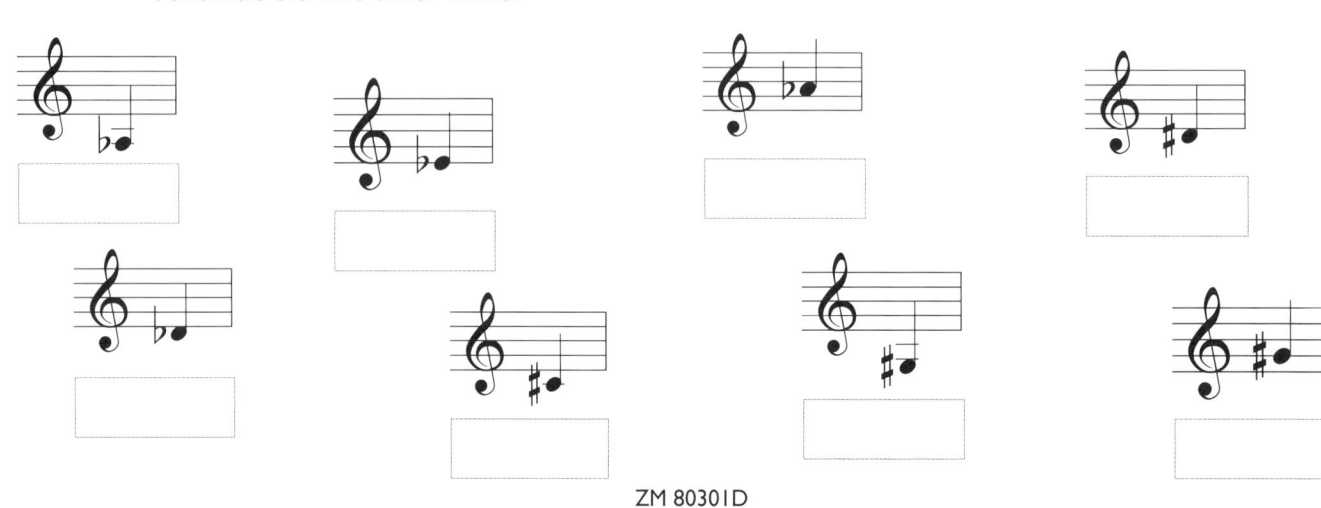

Anhang

Rhythmus

A1   In Halben klopfen

Anstatt in einem 4/4 Takt jede Viertel zu klopfen kannst du auch nur jede zweite Viertel klopfen. Du klopfst also zwei Mal pro Takt. So kannst du Stücke schneller spielen ohne Muskelkater im Fuß zu bekommen. Man sagt dazu *in Halben klopfen*.

➜ Sprich den Rhythmus in der Taktsprache und klopfe die halben Noten mit dem Fuß.

➜ Spiele nun Stücke aus dem Heft (solche die du schon kennst, oder neue) und probiere dazu in Halben zu klopfen.

A2   Rhythmusübung mit Achtelnoten

A3 Rhythmusübung mit punktierten Vierteln

A4 Einen 3/4 Takt in Ganzen klopfen

Ein Stück im 3/4 Takt kannst du flüssiger und leichter spielen, wenn du nur einmal pro Takt klopfst. Der erste Schlag wird betont, der zweite und der dritte Schlag sind unbetont.

Sprich den Rhythmus in der Taktsprache und klopfe einmal pro Takt mit dem Fuß.

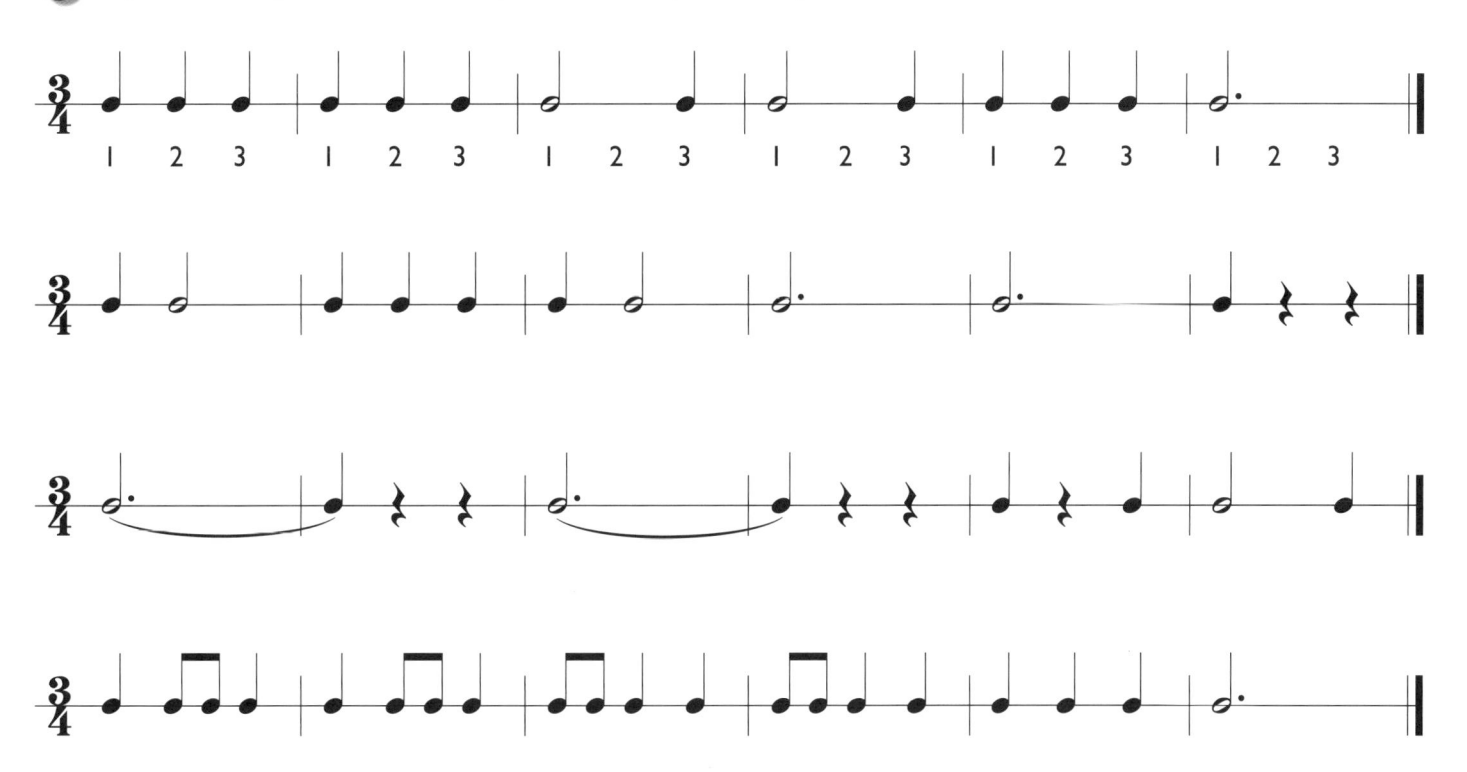

Allerlei Lieder und Spielstücke

A5 Ein Vogel wollte Hochzeit machen

Volkslied
bearb.: Ch. Baechi

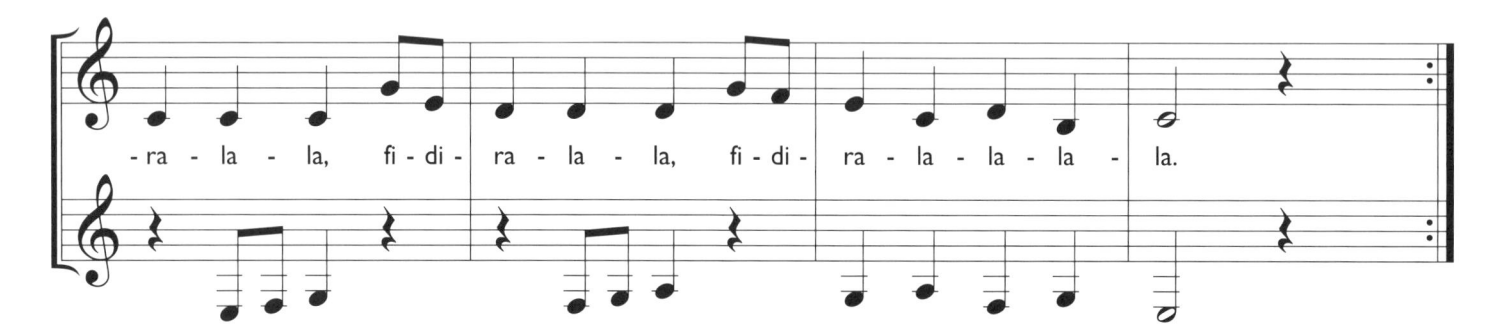

Ein Vogel wollte Hochzeit machen in dem grünen Walde. Fidi-ralala, fidi-ralala, fidi-ralalala-la.

A6 Der Kuckuck und der Esel

Melodie: K. Fr. Zelter
Text: A. H. Hoffmann von Fallersleben· bearb.: Ch. Baechi

Der Kuckuck und der Esel, die hatten einmal Streit, wer wohl am besten sänge, wer wohl am besten sänge, zur schönen Maienzeit, zur schönen Maienzeit.

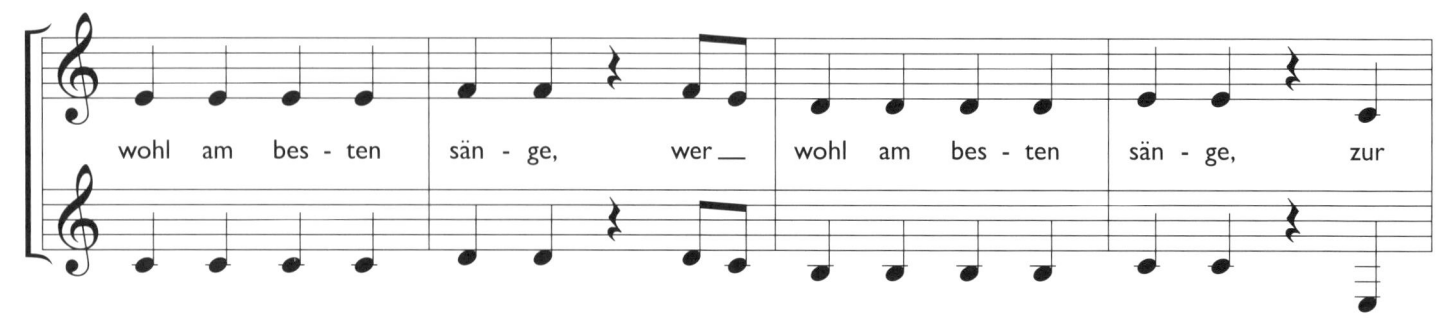

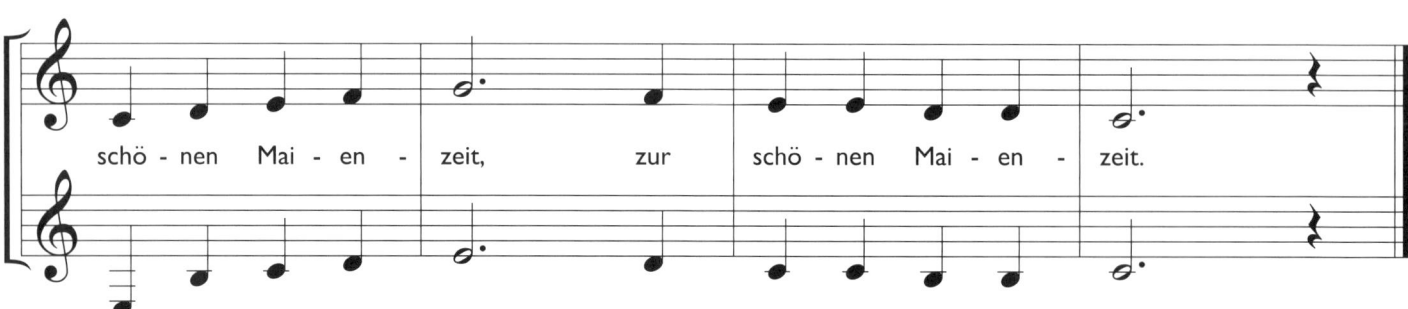

Anhang · Allerlei Lieder und Spielstücke

A7 Bruder Jakob

Track 7/8

Kanon
aus Frankreich

Bru - der Ja - kob, Bru - der Ja - kob, schläfst du noch? Schläfst du noch?
Hörst du nicht die Glo - cken, hörst du nicht die Glo - cken? Ding dang dong, ding dang dong.

A8 Fuchs, du hast die Gans gestohlen

Volkslied
Text: E. Anschütz

Fuchs, du hast die Gans ge - stoh - len, gib sie wie - der her!
Gib sie wie - der her! Sonst wird dich der Jä - ger ho - len mit dem Schieß - ge -
wehr, _____ sonst wird dich der Jä - ger ho - len mit dem Schieß - ge - wehr!

A9 Froschkanon

Volkslied

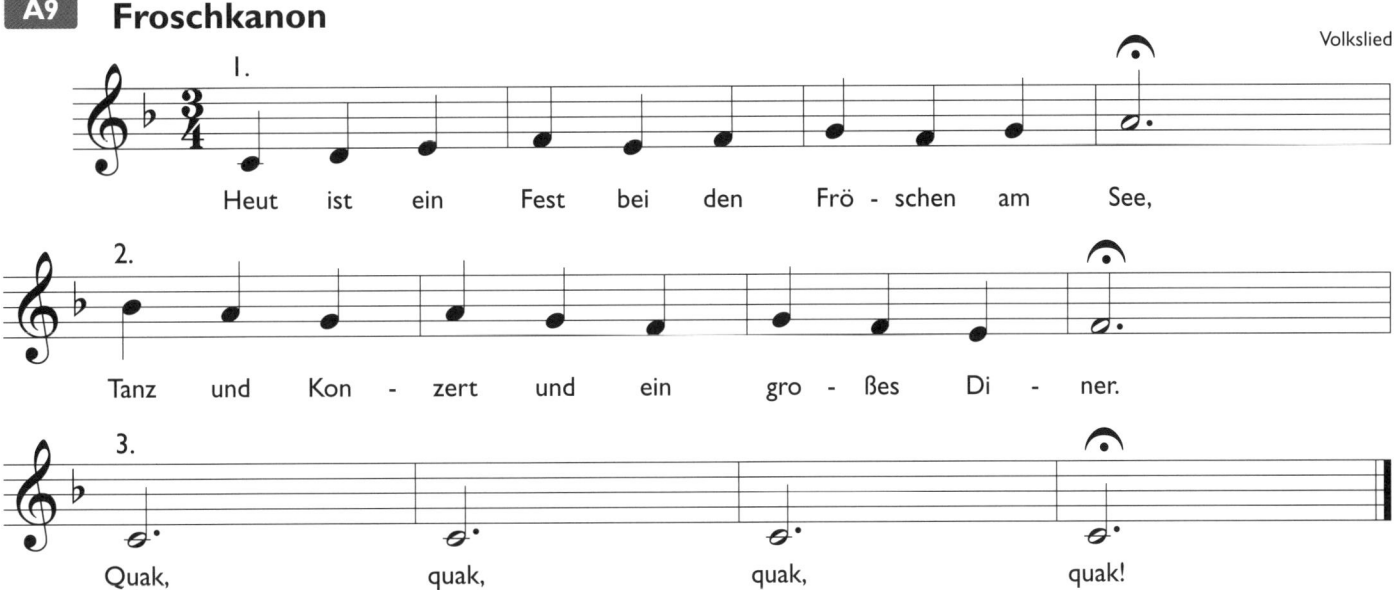

Heut ist ein Fest bei den Frö - schen am See,
Tanz und Kon - zert und ein gro - ßes Di - ner.
Quak, quak, quak, quak!

Blues

A10 Sunshine Blues

P. Rizzi

A11 Ferien Blues

P. Rizzi

A12 Blues für Ramona

Track 42

Ch. Baechi

A13 Swing Blues

P. Rizzi

Weihnachtslieder

A14 Stille Nacht

Track 46/47

Melodie: Fr. X. Gruber · Text: J. Mohr · bearb.: Ch. Baechi

Stil - le Nacht, hei - li - ge Nacht!
Al - les schläft, ein - sam wacht.
Nur das trau - te hoch - hei - li - ge Paar.
Hol - der Kna - be im lo - cki - gen Haar;
Schlaf' in himm - li - scher Ruh'!
Schlaf' in himm - li - scher Ruh'.

Anhang · Weihnachtslieder 109

A15 O du fröhliche

Track 48/49

Sizilianische Volksweise · Text: J. D. Falk

O du fröh - li - che, ___ o du se - li - ge, ___
gna - den - brin - gen - de Weih - nachts - zeit!
Welt ___ ging ver - lo - ren, Christ ___ ist ge - bo - - ren:
Freu - e, ___ freu - e dich, o Chris - ten - heit!

A16 We wish you a merry Christmas

Track 50/51

Weihnachtslied aus England

We wish you a mer - ry Christ - mas; We wish you a mer - ry Christ - mas; We
wish you a mer - ry Christ - mas and a hap - py New Year. Good
Fine
tid - ings we bring to you and your king; Good
tid - ings for Christ - mas and a hap - py New Year.
D.C. al Fine

D.C. al Fine (= Da Capo al Fine)
bedeutet, dass du das Stück nochmal vom Anfang spielen sollst, bis dorthin wo Fine steht.

A17 Ihr Kinderlein kommet

Track 52/53

Melodie: J. A. P. Schulz · Text: Chr. von Schmid · bearb.: Ch. Baechi

Ihr Kin-der-lein kom-met, oh kom-met doch all! Zur
Krip-pe her kom-met in Beth-le-hems Stall! Und seht, was in die-ser hoch-hei-li-gen Nacht der Va-ter im Him-mel für Freu-de uns macht.

A18 O Tannenbaum

Track 54/55

Volksweise · Text: J. A. Zarnack

O Tan-nen-baum, o Tan-nen-baum, wie grün sind dei-ne Blät-ter! Du grünst nicht nur zur Som-mer-zeit, nein auch im Win-ter, wenn es schneit. O Tan-nen-baum, o Tan-nen-baum, wie grün sind dei-ne Blät-ter!

Anhang · Weihnachtslieder III

A19 Kommet ihr Hirten

Nach einem Weihnachtslied aus Böhmen · Text: Karl Riedel
bearb.: Ch. Baechi

Kom - met, ihr Hir - ten, ihr Män - ner und Frau'n!
Kom - met, das lieb - li - che Kind - lein zu schau'n!

Chris - tus, der Herr, ist heu - te ge - bo - ren, den Gott zum Hei - land euch hat er - ko - ren. Fürch - tet euch nicht!

A20 Alle Jahre wieder

Track 56/57

Melodie: Fr. Silcher · Text: W. Hey · bearb. Chr. Baechi

Al - le Jah - re wie - der kommt das Chri - stus - kind, auf die Er - de nie - der, wo wir Men-schen sind.
Kehrt mit sei - nem Se - gen ein in je - des Haus, geht auf al - len We - gen mit uns ein und aus.

Tonleitern und Dreiklänge im Überblick

A21 **G-Dur**

A22 **F-Dur**

A23 **B-Dur**

A24 **Die Halbtonleiter (chromatische Tonleiter)**

Überblick über die Musiksymbole

Rhythmus:

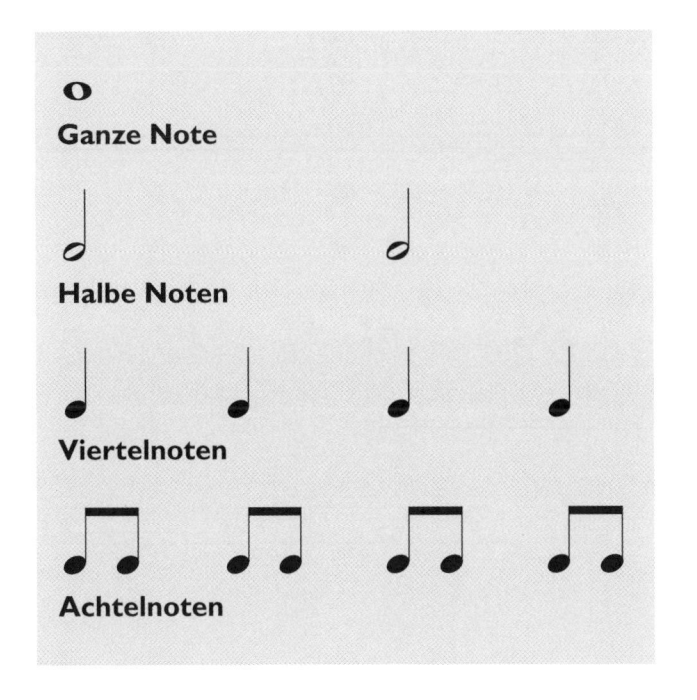

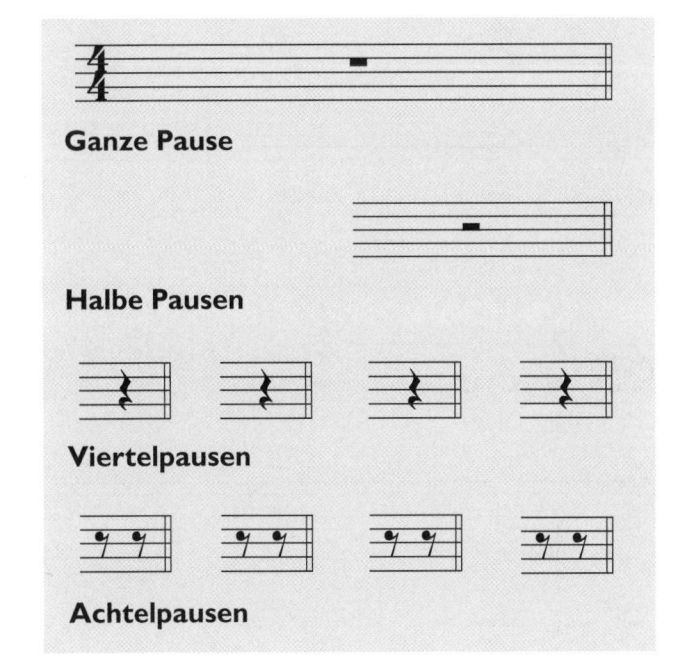

o Ganze Note

Halbe Noten

Viertelnoten

Achtelnoten

Ganze Pause

Halbe Pausen

Viertelpausen

Achtelpausen

Notensystem

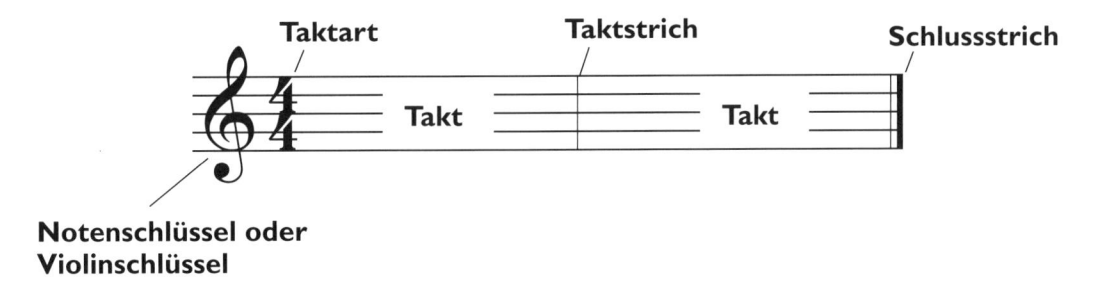

Taktart — Taktstrich — Schlussstrich

Takt — Takt

Notenschlüssel oder Violinschlüssel

Zeichen

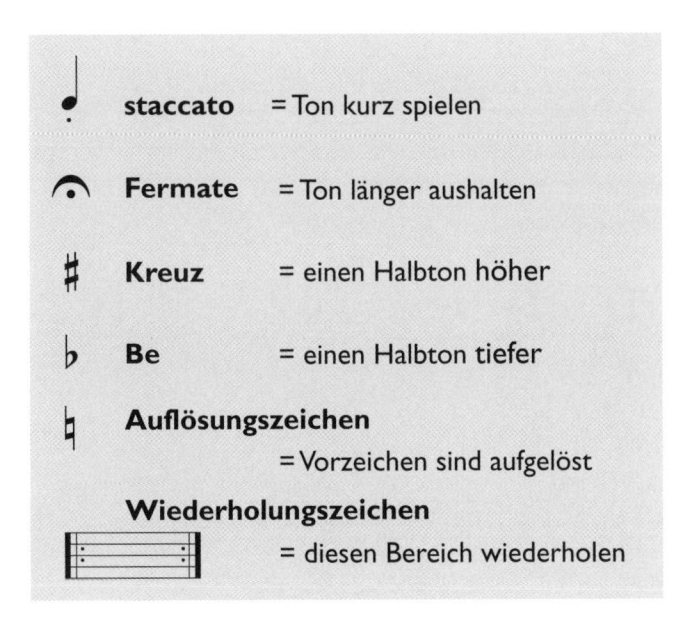

♩	staccato	= Ton kurz spielen
𝄐	Fermate	= Ton länger aushalten
♯	Kreuz	= einen Halbton höher
♭	Be	= einen Halbton tiefer
♮	Auflösungszeichen	= Vorzeichen sind aufgelöst
	Wiederholungszeichen	= diesen Bereich wiederholen

p	piano	= leise
mp	mezzopiano	= mittelleise
mf	mezzoforte	= mittellaut
f	forte	= laut
cresc.	crescendo	= lauter werden
decresc.	decrescendo	= leiser werden
D.C. al Fine	Da Capo al Fine	= Wieder vom Anfang des Stückes bis „Fine" spielen

Grifftabelle für die deutsche Klarinette

Grifftabelle für die Böhm-Klarinette

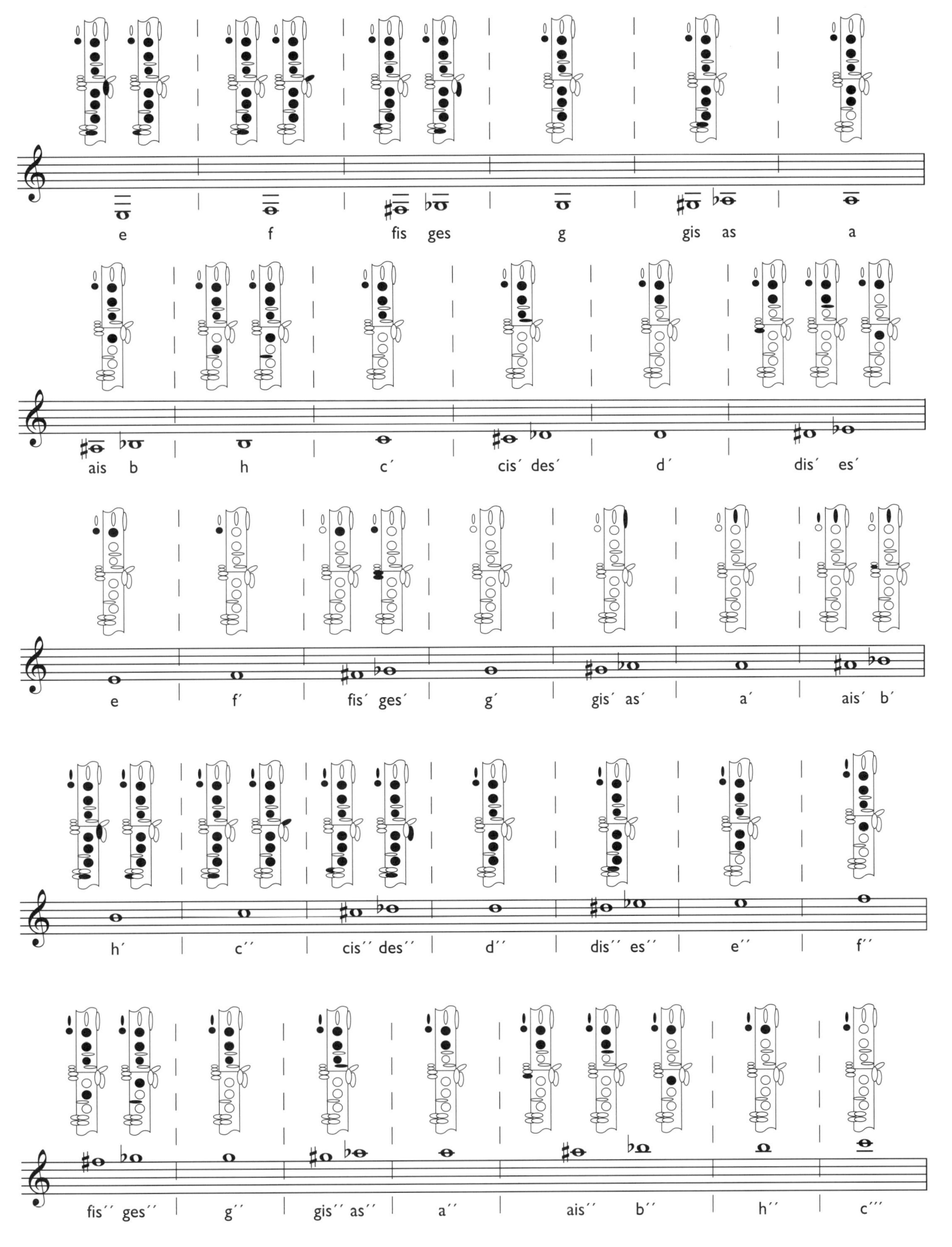

Liederverzeichnis

Ah yous dirai-je maman (Staccato-Variationen)	S. 54
Ah yous dirai-je maman (Variationen)	S. 46 / 47
Alli Büseli sind no blind	S. 92
Alle Jahre wieder	S. 111
Alle meine Entchen (Ali mini Äntli)	S. 17
Alle Vögel sind schon da	S. 72
Alles schweiget	S. 98
An den Ufern des Mexico River	S. 61
arabisch (Dr Sidi Abdel Assar)	S. 94
Au clair de la lune	S. 42
Auf der Mauer, auf der Lauer	S. 38
Auld Lang Syne	S. 72
Badinage	S. 56
Bajschki baju (Schlaf, mein Kind)	S. 98
Bella Bimba (Tanzlied Italien)	S. 84
Blues für Ramona	S. 107
Bruder Jakob	S. 17 / 105
Can Can	S. 66
„Cat's tune"	S. 69
Choral	S. 37
Come, follow, follow (Kanon)	S. 83
Countrykanon	S. 83
Das Sandmännchen	S. 73
Der kleine Floh	S. 28
Der Hahn ist tot	S. 62
Der Kuckuck und der Esel	S. 104
Der Mond ist aufgegangen	S. 39
Det äne am Bergli	S. 59
Die Forelle	S. 80
Dis-Blues	S. 90
Dölfis Rausch	S. 76
Duett	S. 97
Echo	S. 74
Ein Vogel wollte Hochzeit machen	S. 104
Ferien Blues	S. 106
Froh zu sein bedarf es wenig	S. 72
Froschkanon (Heut ist ein Fest)	S. 105
Fuchs du hast die Gans gestohlen	S. 58 / 105
Fuchs und Hase	S. 27
Glockentöne	S. 26
God save the Queen	S. 98
Guggisberger Lied	S. 96
Hänschen klein	S. 17 / 30
Hänsel und Gretel	S. 31
Happy Birthday to you	S. 59
Hey, Pipi Langstrumpf	S. 78
Höfischer Tanz	S. 27
Home on the Range	S. 92
Hotaru Koi	S. 44
Ihr Kinderlein kommet	S. 110
Im Aargau sind zwöi Liebi	S. 59
Im Märzen der Bauer	S. 60
In der Geisterbahn	S. 55
Ist ein Mann in Brunn' gefallen	S. 31
Jingle Bells	S. 36
Kipp Swing	S. 38
Klarinetten-Echo	S. 21
Kleiner Tanz	S. 53
Kniffliger Ländler	S. 39
Kol do-di	S. 45
Kommet ihr Hirten	S. 111
Kommt ein Vogel geflogen (Roti Rösli)	S. 17 / 52
Kuckuck, rufts aus d. Wald	S. 35
Kurz und bündig	S. 54
Long long ago	S. 49
Meiteli wa truurisch du?	S. 41
Melodie	S. 25
Melodie	S. 51
Menuett (G. F. Händel)	S. 52
Menuett (W. A. Mozart)	S. 99
Merrily we roll along	S. 24 / 75
Miau, miau	S. 61
Morgen Blues	S. 94
Morning has broken	S. 66
Müde bin ich, gehz zur Ruh	S. 35
O du fröhliche	S. 109
O Tannenbaum	S. 110
Oh when the saints	S. 42
Old Mc Donald	S. 48
One man went to mow	S. 36
Prinz Ruprecht	S. 85
Regemwetter	S. 39
Reiterlied	S. 25
Rock for you	S. 32
Shalom Aleichem	S. 86
Signor Abbate	S. 96
Spaziergang am See	S. 23
Stille Nacht, heilige Nacht	S. 108
Streitgespräch	S. 41
Sunshine Blues	S. 106
Swing Blues	S. 107
Tobys Pachelbel	S. 67
Tonleiterlied	S. 30
Was soll das bedeuten	S. 49
We wish you a merry Christmas	S. 109
When Israel was in Egypt's land	S. 78
Winter ade	S. 17 / 45
Yankee Doodle	S. 78
Zwei Freunde	S. 23
Zwei im Duett	S. 22